中小企業のための値上げ・値決めの上手なやり方がわかる本

PRICING STRATEGY

西田経営技術士事務所
代表取締役
西田雄平

日本実業出版社

はじめに

▼「値上げは悪ではない」という雰囲気が醸成されてきた

原材料費、人件費、外注費、燃料費、あらゆる物価上昇が止まらない――。

2020年に発生した新型コロナウイルスによるパンデミックをきっかけに、資材不足や人手不足が一気に表面化。思いがけないかたちで、約30年間続いたデフレ社会からインフレ社会に転換することになりました。

筆者の主なコンサルティング先である製造業においていえば、これまでは、最低賃金が上がろうが、原材料費が上がろうが、兎にも角にも「コストダウン提案せよ！」という、「定期的な値下げ要求」一辺倒だったように思います。

しかし最近になって、「値上げは悪ではない」という雰囲気が醸成されてきました。製造業以外の業種においても、温度差はあるかもしれませんが、日本全体が同じ流れになってきていると思います。

すっかりトレンドワード入りを果たした「値上げ」。

すでに値上げに踏み切ったという企業もあれば、これからはじめるという企業もあると思います。そしてそのなかには、すんなりとお客様に値上げを認めてもらえた企業もあれば、なかなか思うように進んでいない企業もあると思います。

おそらく、本書を手に取っていただいた方の多くは、次のような悩みを抱えておられるのではないでしょうか。

「値上げの経験がないので、何から手をつけて良いのかわからない」
「原価の高騰をどれだけ価格転嫁すれば良いのかわからない」
「何カ月も前に価格改定を依頼したのに、まったく返事をもらえていない」
「お客様から根拠資料を出せと言われ、対応に苦慮している」

そのような方々のお役に立てればと思い、筆を執りました。

▼中小企業が値上げするためのノウハウをまとめた

筆者は日ごろ、中小企業に特化して「原価と値決め」にメスを入れる「収益改善コンサルティング（通称ＩＰＰ、アイ・ピー・ピー・ピー）」を行なっています。

ＩＰＰの詳細については、弊社のホームページ（https://www.ni-g-j.co.jp/）をご覧いただければと思いますが、これまで食品加工、金属プレス加工、板金加工、貴金属、化成品、プラスチック成形、切削加工、ゴム、めっき処理、印刷、紙工品、金型製作、機械設備、電子・電気機器などの製造業、廃棄物処理業や運送業などにおいて、収益改善のお手伝いをさせていただきました。

その顧問先のなかにはコロナ禍になる前から、当たり前のように値決めや値上げに注力し、収益改善の成果へとつなげてきたところも多くあります。

本書では、その経験から得たノウハウを中小企業向けの「値上げ・値決めのやり方」としてまとめました。とりわけ大手企業から仕事を請け負っている「請け負い型」の事業をされている企業様にとって大いに役立つ内容になっています。

筆者の顧問先の多くは、会社規模が従業員数50～３００名ほどの製造業です。

その大半が、お客様が要求する仕様や納期に応じて、ものづくりをしています。

最近の値上げブームが到来するまでは「数年に一度のペースで2～3％も値上げできれば上々だよね」という具合でしたが、最近では20～30％の売価アップは当たり前。なかには2倍以上の価格改定に成功した事例も出始めています。

長年、取り組めていなかった加工賃アップを認めてもらえた企業も出てきました。

いま価格転嫁を進める絶好機が訪れています。まさに数十年に一度のチャンスといって良いのではないでしょうか。
ぜひこの機を逃さず、御社の値上げ活動を成功に導いていってほしいと思います。

▼このような方々に読んでいただきたい

「値上げの仕方がわからない」、「社内の値上げ活動が進んでいかない」とお困りの経営者の方はもちろん、営業、製造、技術、設計、生産管理、購買、経理部門などの関連部署に勤めている実務担当者の方には、ぜひ精読いただき、収益改善の役に立てていってほしいと思います。

筆者の経験をベースにしていますので、中小製造業での事例が多くなりますが、本書は製造業以外の企業様にとっても、参考となる部分が多くあるかと思います。
そういった方々にも、ぜひご一読いただけますと幸甚です。

2023年7月

西田　雄平

INTRODUCTION

「値上げ」が不可欠な時代になった

CONTENTS

CHAPTER 1

正々堂々と儲けよう！

CONTENTS

CHAPTER 4

安売りしないための準備

CONTENTS

CHAPTER 6

上手な値上げ交渉のやり方

CONTENTS

装丁／DTP　村上顕一

INTRODUCTION

「値上げ」が不可欠な時代になった

SECTION
0-1

値上げ力の鍛え方は2つ

「値上げ力」の鍛え方を煎じていくと、ポイントは次の2点です。

①信頼できる原価を計算する
②値決めに心血を注ぐ

この2点にしっかりとエネルギーを割いていくことが重要です。まずはこの部分についてご説明したいと思います。

値上げ力の鍛え方（その1）……信頼できる原価

値上げを進めていこうと思ったら、まずは「ちゃんと原価計算する」ことが大切です。「え？　値上げの本なのに原価の話？」と思われたかもしれませんが、商売の王道は「原価より高く売る」ことです。値決めと原価は切っても切れない関係にあります。

「そんなの当たり前じゃん！　原価計算くらいやってるよ！」といったお声をいただきそうですが、意外にも、自社製品の原価を正確に把握できている会社は多くありません。

筆者はこれまでの企業診断やコンサルティングを通して、経営者の方々が「果たして、この値段で儲かるのか？」と不安を抱えて受注判断している姿を幾度となく目にしてきました。

▼これが実態！　製品ごとの損益がわからないまま価格交渉している！

お客様との価格交渉がたった1回の折衝で完結することは滅多にありません。

多くの場合、お客様の元へ何回か出向き、小まめに電話やメールでフォローしながら、数か月にわたって行なわれます。半年以上の期間を要する場合も珍しくありません。

そのため、値上げする側には、粘り強く交渉していく姿勢やモチベーションの維持が必要になってきます。

粘り強く価格交渉を続けていくためには、

「現状の製品別損益はどうなっているのか」
「製品価格をいくらに値上げすれば利益を確保できるのか」
「このまま価格転嫁せずに放置すると、どれだけ損してしまうのか（給料が減るのか）」

このようなことを明確な数字で見える化し、価格交渉中は常に肚の中に秘めておかなければいけません。

もし、このような準備もなしに「エイヤ！」で値上げ交渉に臨んだとしたらどうでしょうか。きっと百戦錬磨のお客様からの反撃によって段々と弱気になっていってしまうでしょう。

ドッシリと構え、粘り強く価格交渉を進めていくためには、会社として「これより先は譲れない！」という点、つまり製品ごとの原価を正しく把握しておくことが大切なのです。

▼諸悪の根源「原価がいい加減」

それでは、どうして製品ごとの損益があいまいになってしまっているのか。

その理由は、多くの会社において、原価に対して大きな誤解をしてしまっているからです。そのため、次の「利益の方程式」を正しく解くことができていません。

〈利益の方程式〉

製品Aの利益 ＝ （売価 － 原価）× 数量

次に挙げるのは「いい加減な原価」で見積りをされてきた企業様が抱えていた問題点です。

筆者はいつもコンサルティングを実施する前には企業診断を実行し、原価管理や生産管理上の経営課題を抽出しています。そこで検出された問題点だと考えてください。

〈原価がいい加減になってしまう例〉

× 材料費だけを原価としている

× 加工費を一部しか原価計算していない

× チャージ（レート・賃率）を何年もメンテナンス（メンテ）していない

× チャージ（レート・賃率）をメンテしようにも、その設定根拠が会社に残っておらず誰もメンテできない

× チャージ（レート・賃率）を相場価格から逆算して設定している

× 生産に必要な工数を相場価格から逆算。現場ができもしない工数で見積もっている

× お客様指定の見積りフォームに無理やり合わせこむことを、原価計算と称している

× 原価計算ではなく、売価計算してしまっている

× ロスを考慮していない

× 間接費や販管費を原価に算入していない

× 経験と勘で粗利が○○％あれば、何となく良しとしている

詳しくは本章で解説したいと思いますが、商売の王道は原価より高く売ることです。その根幹である原価がいい加減では、どの商品がいくらの儲けを生んでいて、どの商品がどれだけの赤字を垂れ流しているのか現状把握ができません。適切な値上げ金額を算出することもできません。

粘り強く価格交渉を続けていこうと思ったら、信頼できる原価が必要不可欠なのです。

▼粗利はダメ！　全社利益で損益判断しよう！

世間でよく使われている言葉に「粗利」というものがあります。実はこれが厄介です。粗利とは、その名のとおり粗々（あらあら）とした利益のことです。正確な利益を計算したものではありません。

会社によって定義や計算方法もさまざまです。売価から材料費を引いたものを粗利と称している会社もあれば、売価から材料費と加工費を引いたものを粗利と称している会社もあります。

粗利は、経営者が会社全体の状況を大掴みするためには便利な数字です。計算が比較的簡単なのでスピーディな経営判断に役立ちます。筆者自身も自社の経営状況を粗利という指標でみたりします。

しかし、個別製品単位でしっかりと儲かる値決めや価格転嫁をしていこうとした場合には、粗利だけでは不十分です。

なぜなら粗利には、純粋な利益だけではなく、計算されていない諸々の費用が含まれてしまっているからです。

図表0-1 ▶【事例】「粗利＝売価－材料費」としている場合

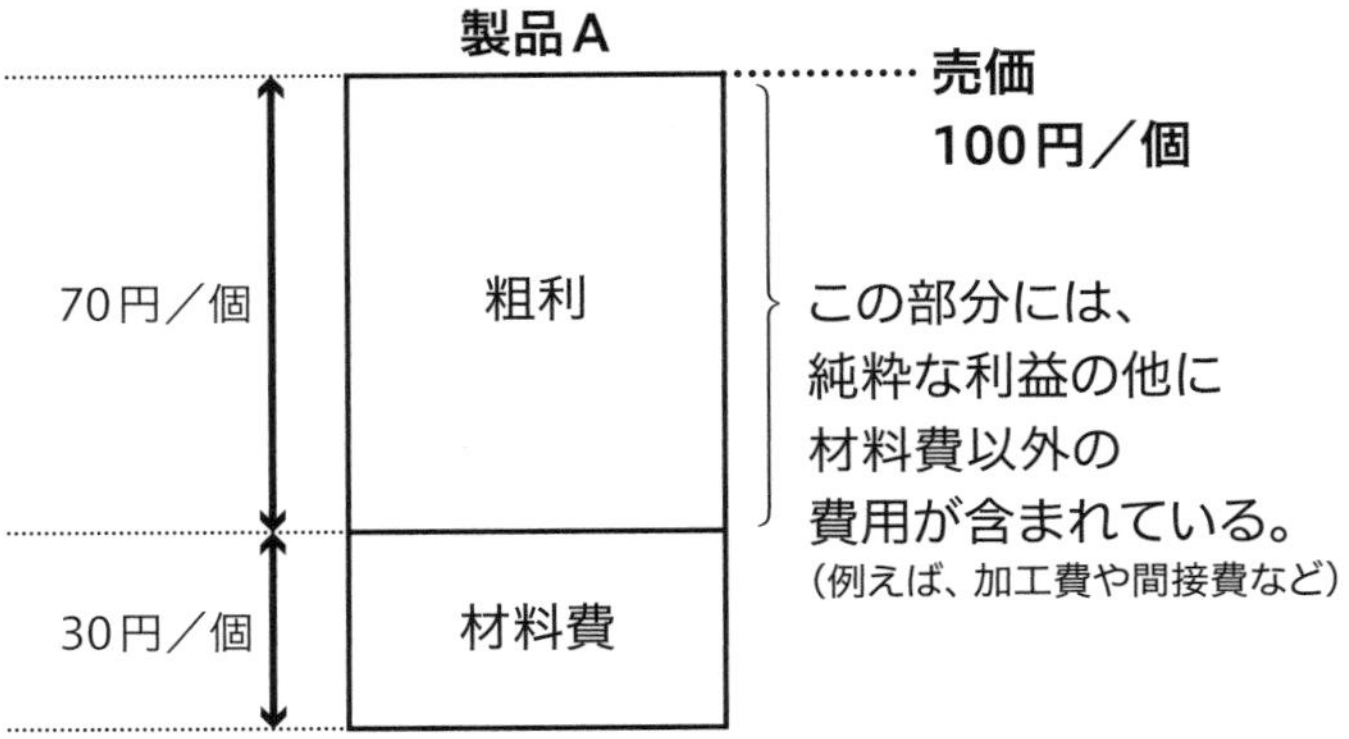
製品A
売価
100円／個
70円／個
粗利
この部分には、
純粋な利益の他に
材料費以外の
費用が含まれている。
（例えば、加工費や間接費など）
30円／個
材料費

図表0-2 ▶【事例】「粗利＝売価－材料費－加工費」としている場合

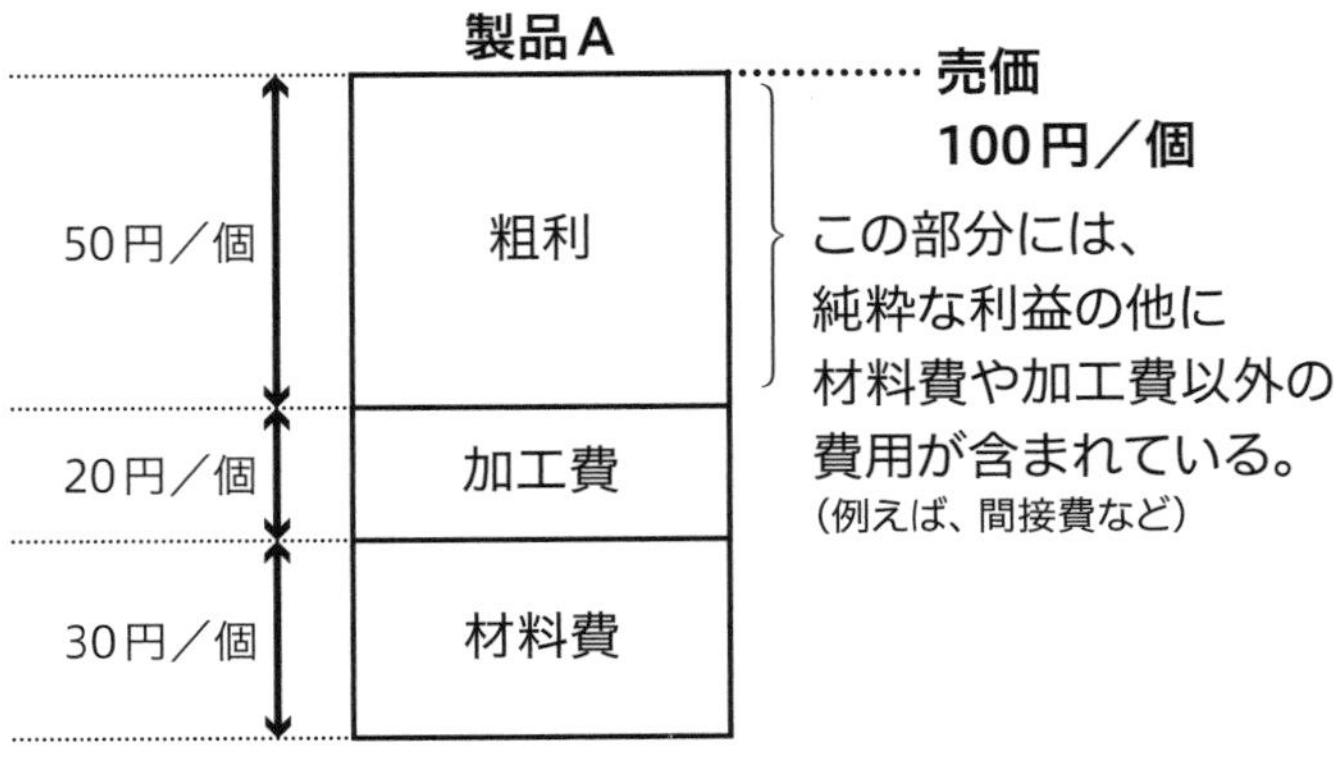
製品A
売価
100円／個
50円／個
粗利
この部分には、
純粋な利益の他に
材料費や加工費以外の
費用が含まれている。
（例えば、間接費など）
20円／個
加工費
30円／個
材料費

図表０－１と**図表０－２**をみてください。両方とも粗利で製品別損益をみてしまっている例です。

仮にこの状態で、お客様から「もっと安くしてよ」と値引き交渉を仕掛けられたとしたら、どうでしょうか。

いくらまでであれば、値引きに応じても利益が残るでしょうか。

きっと長年の経験や勘で「だいたいこれぐらいなら、損しないだろう！」と決断するしかないと思います。

大事なことは、粗利ではなく「全社利益」で判断していくことです。

全社利益とは、**図表０－３**のように、「売価」から「全社原価」を引いたものです。

図表0-3 ▶【あるべき姿】「全社利益＝売価－全社原価」で考える

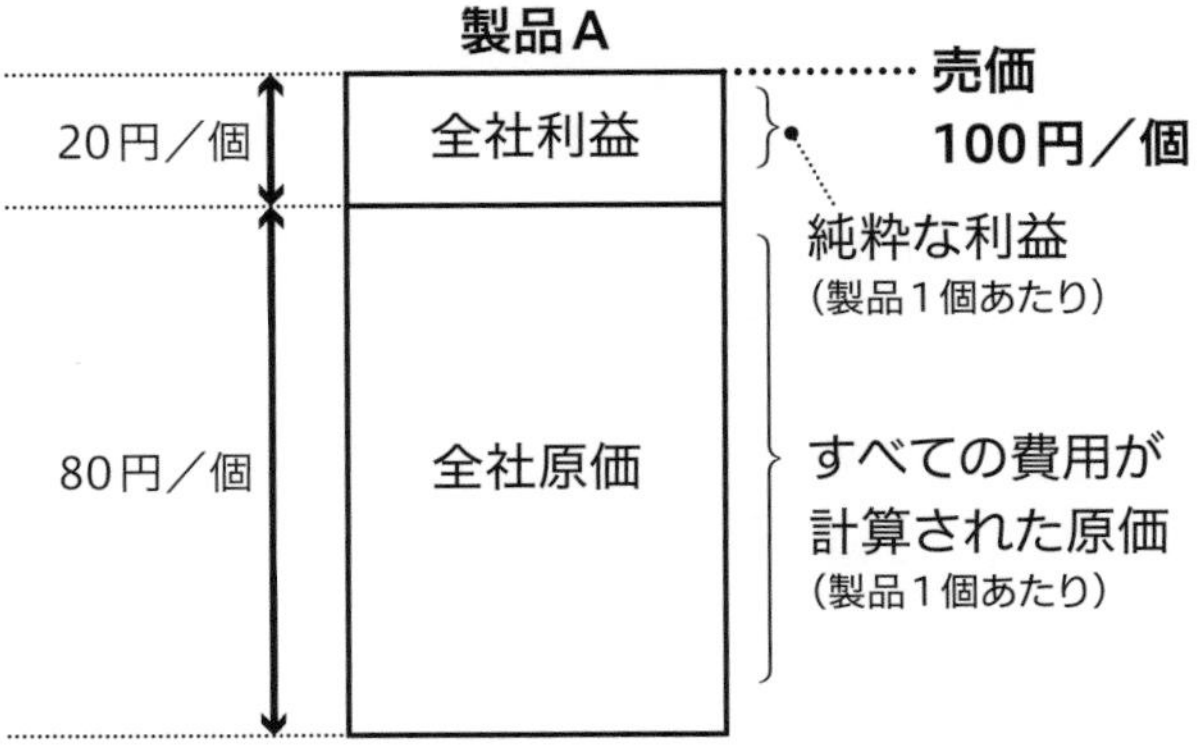

全社原価とは、製品1個の製造や販売にかかるすべての費用を合計した価《あたい》です。

これが明確に見える化できていれば、誰がどう見ても、最低でも死守したい売価は、全社原価と同じ80円／個になると思います。

粗利ではなく、全社利益で損益判断していく。これが値上げを成功させる大前提です。

▼全社原価は全社一丸で！

適切な値上げによって会社に利益を残していくには、まず正しい原価計算をする仕組みづくりが必要です。そのときに重要なことが、全社一丸で取り組むということです。

しかし残念なことに、社内の一部の人だけで原価と値決めの仕組みづくりを進めてしまい、運用段階でつまずいてしまう企業様がたくさんおられます。

失敗例として多いのが、経理や経営企画室、原価管理室などに所属している人が単独で仕組みづくりを行なってしまう場合です。

このような部署には、お金や数字に強い人が配属されており、少し勉強しただけで形にできてしまうことがあります。

ところが、でき上がった仕組みをいざ全社展開して運用しようとしたときに、他部門がついてこれないことがあるのです。

これまで何十社と「原価と値決め」の企業診断を重ねてきた筆者のもとには、各部門の実務者の声が集まっています。それを集約すると概ね次の内容です。

〈製造部門からの声〉

「彼らが決めたような短い工数では、実際には生産できない」

「そんなに少ない不良ロスで、ものづくりができた試しがない」

「現場も知らないくせに、厳しい要求ばかりだ」

〈営業部門からの声〉

「そんなに高い原価では売れないよ。計算の仕方がおかしいんじゃないの？」

「新しいやり方が複雑すぎる！　実務的じゃない！」

「使いにくい！　前から個人的につくってあったフォーマットでやっちゃおう！」

経営者は、経理や経営企画室の人から「社長、仕組みができました！」と報告を受けているので「良し、これで原価と値決めの部分は大丈夫だ！」と思っているのですが、その中身は運用上の問題だらけだったりするのです。

▼時間をかけてでも、実務者の魂を入れる

原価と値決めの仕組みを見直す際は、実務者の魂を入れていくことが肝要です。「仏つくって魂入れず」では決してうまくいきません。部門横断的なプロジェクトチームを編成し、関係部署の声を確認しながら、全社一丸で進めることを強く心がけてほしいと思います。

筆者が行なっている収益改善コンサルティング（通称：ＩＰＰ）においていえば、プロジェクト期間は概ね1年間です。

会社の規模によって増減しますが、従業員数が１００名くらいの企業様であれば、５～10名ほどのプロジェクトチームを組んで進めていきます。

営業、製造、経理、設計、技術、生産管理、購買などの部門から、会社の将来を担う人材をそれぞれ1～2名ずつ選抜してもらっています。

「思ったより時間がかかるなぁ」と思われるかもしれませんが、従業員の方々がルーティン業務のひとつとして難なく運用できるようになるには、ある程度の熟成期間が必要です。意識改革の部分も含め、完全に定着するまでは、手間暇を惜しまずにフォロー

アップしていく必要があります。

「いますぐ出血を止めなければならない！」といった緊急事態を除いては、じっくりと進めていかれることを推奨しています。

▼超理論武装！

値上げ力を鍛えるためには、岩盤のように強い原価を持つことが大切です。それは同時に、お客様との価格交渉に必要な理論武装をしていくことにつながっていきます。原価のロジックを理解し、考え方を肚の底に落とし切ることが重要です。

理論武装が必要な理由は、値上げを受ける側の立場で考えてみるとわかりやすいと思います。

たとえば、BtoBの場合、代表的な値上げの受け手はお客様の購買担当者（バイヤー）です。バイヤーは仕入先から値上げ依頼を受けたら「本当に人件費や燃料代が上がっているのか」、「それが本当に自分たちの買っている製品に影響しているのか」といった根拠をしっかり確認しなければいけません。

これはバイヤーとして最低限の仕事です。簡単に「はい。わかりました。値上げOKです」としてしまっては、バイヤー失格です。

そしてバイヤーの多くは組織で働く会社員です。先方も社内や上司を納得させ、承認をもらうための説得材料を必要としています。

一般の購買担当者が社内承認も得ないまま、仕入先からの値上げを独断で許可することはほとんどできません。それなりの根拠説明をしてあげる必要があるのです。

根拠説明の際には、たとえば「燃料代が○○年から△△年にかけて、■■%上昇しています。これを加工費として反映しますと、御社の製品1個あたり××円の上昇になります」というように、理路整然と説明できるように準備をしておく必要があります。

これが理論武装です。

お客様に対して、原価を丸裸にして説明せよと言っているわけではありません。原価を丸裸にしてしまっては利益の確保はできません。原価の開示は御法度です。

しかし「なぜ、この値上げになるのですか」とバイヤーから質問されることは、ほぼ確定事項です。簡単な事例や数字を用いて、スラスラと説明できるよう徹底的に訓練しておく必要があるのです。

値上げ力の鍛え方（その2）……値決めに心血を注ぐ

「値決めに心血を注ぐ」とは、京セラを創業した稲盛和夫氏の言葉です。

筆者がはじめてこの言葉を目にしたときは、「まさしくそのとおりだ！」と叫びたくなるほどでした。

詳しくは本章で述べたいと思いますが、「値上げ」を成功に導くためには、その前提である「値決めの基本」から見直していく必要があります。

ものづくりの業界では、これまで短納期依頼に間に合わせることや、品質の良い製品をつくることを重要視してきたように思います。

納期や品質を守ることは、顧客満足度を高め、お客様との信頼関係を築いていくためにとても重要なことです。

しかし、それを重視しすぎるあまり、「1％でも高く売るための工夫」や「お客様のワガママに負けないための準備」があまりなされてこなかったように思います。

その結果、お客様が言われることをそのまま安請け合いしてしまい、見積り条件を明確にして適切に価格に反映することや、適正な利益をいただくということをタブー視するようになってしまったのではないでしょうか。

儲かる値決めは、「高く売る努力」の延長線上に存在します。厳しい表現になりますが、つくることだけを考えていても、値上げはうまく進んでいきません。納期や品質のことを考えるのと同じくらい、値決めにも常日ごろから心血を注いでいかねばならないのです。

▼これまでは値下げ対策でよかった

コロナ禍以前は、発注元から仕入先に対する定期的な値下げ依頼が主流でした。

筆者は2015年頃まで大手製造業でバイヤーを担当していましたが、そこでも同様に定期的な値下げ依頼を行なっていくのが購買業務の一環でした。

その頃は発注元の立場が圧倒的に強かった時代でした。

法令遵守が大前提ですが、少なくとも年に一度は仕入先にコストダウン協力をお願いしていましたし、製品ライフサイクルが短いものについては、3カ月に1回のサイクルでコストダウン目標20％といった高い目標が設定されていました。

また、筆者はタイ工場にも4年間駐在し、海外調達業務にも携わっていました。タイ国内での現地調達のほか、中国や台湾、東南アジア諸国からの仕入れが主でした。

当時から各国の最低賃金が上昇してきているという話は耳にしていましたが、それでも実際に正式な値上げの依頼を受けたのは、ほんの数回程度。しかも、値上げ依頼をしてきた仕入先は非日系企業でした。

このような環境が長年続いてきたので、多くの日本企業には「お客様からの値下げ要求対策」は経験則的に蓄積されています。

▼これからは値上げのターン

ところが、コロナ禍はすべてをひっくり返しました。

あっという間に世界的な物資不足を引き起こし、国際情勢の不安定さがそれに拍車をかけています。需要と供給の関係が逆転し、発注元の立場はすっかりと弱体化してしまいました。

決して仕入先に見せることはありませんが、バイヤーの本音は「自社の生産ラインを止めてしまったらどうしよう」「もう売ってもらえなくなるんじゃないか」と不安に駆られています。

これからは値上げターンです。

営業マンにとっては少々辛い仕事かもしれませんが、「値上げをお願いします」と言わなければいけなくなりました。いつも「もっと高く売りたいなあ」と思っていたのに、いざ進めようと思うと、気が重くなってしまいますね。

しかしそれは、上手な値上げの進め方を知らなかったり、単純な経験不足からくるものだったりします。

これまでやってきた「お客様からの値下げ要求対策」と、これから進めていく「値上げ依頼」とでは、価格交渉時に求められる準備内容が異なります。

最近は社内コミュニケーションが減ってしまった会社も多いと思います。意識的に時間を割き、値上げの訓練をする必要性が出てきています。

少しずつでもかまいません。しっかりと値上げの準備をし、確実に進めていきましょう。

小さな成功体験を積めば、自信が持てるようになります。御社独自の値上げのノウハウも徐々に蓄積されていきます。

これからは定期的に値上げしていく「定期値上げの時代」と言っても過言ではないでしょう。短期的に「ドカン！」と価格改定することも良いと思いますが、より重要なのは、中長期的に値上げを仕掛けていく仕組みです。一時的なイベントになってしまわないようにしてほしいと思います。

▼値上げは営業の仕事にあらず！

値上げ活動も「全社一丸」です。

お客様に価格改定を依頼し、交渉の矢面に立つのは営業部門ですが、値上げの準備は会社全体で取り組むことが大切です。

値上げには、次のような準備が必要です。しかし、これらのすべてを営業部門が担うことはむずかしいのが現実です。できないことはないかもしれませんが、単純に負担が大きく、肝心の値上げ交渉に至るまでに時間を要したり、息切れしてしまったりする可能性が高いです。

〈値上げの準備〉

・値上げの根拠資料づくり
・原価計算のシミュレーション
・価格交渉カードの蓄積

たとえば、値上げの根拠資料づくりには、会社全体の人件費やエネルギー費の上昇率などを細かく掴んでいる経理部門の協力が必要になってきます。

原価計算のシミュレーションには、実際に生産を行なっている製造部門の知見が必要です。製販（製造部門と販売管理部門）できちんと会話をしていくと、実際に費やしている加工費や材料費が、営業マンの想定以上にかかっていたという事例には、コンサル現場で頻繁に遭遇します。

価格交渉カードのネタも工場にはたくさん落ちています。

「値上げは営業の仕事」だと壁をつくるのではなく、全社一丸で値上げ活動を進めていってほしいと思います。

CHAPTER 1

正々堂々と儲けよう！

SECTION 1-1

利益の方程式とは？

値上げに対する罪の意識は捨てる

日本人は勤勉でまじめだとよく言われますが、なかでも我が国の主要産業である製造業に従事している人はとくにそうだと思います。

丁寧な作業をしたり、日報を書いたり、と粘り強い。献身的。こういった特長をもった方が多いのではないでしょうか。これは大変素晴らしいことですし、代えがたい才能だと思います。

しかし一方で、それがたまに行きすぎてしまうこともあると筆者は感じています。

たとえば、お客様の希望納期に間に合わせることに一生懸命になりすぎたり、必要以上に品質にこだわりすぎたりです。もちろん納期や品質を守ることは大切です。それらが悪いとお客様は離れていってしまいます。

ただ、「それだけ頑張って、結局いくら儲かったの？」という視点が忘れ去られているように思います。

▼会社の目的は利益を増やすこと

会社である以上、利益を増やしていくことは至上命題です。

誤解をしないでいただきたいのですが、決して「暴利をむさぼれ！」とか、「ボッたくりをしてでも儲けろ！」と言いたいわけではありません。「適正な価格で販売し、適正な利益をいただく」ことが大事だと思っています。

同時に「利益は後から付いてくる」という考え方も同じくらい大切に考えています。

お客様が困っていることを汲み取り、それを解決する技術を磨き、新たな価値としてお客様に提供していく。そして、お客様に満足してもらい、地域社会にも貢献していく。利益は、その報酬だという考え方です。顧客満足なくして利益なし。商売をするうえで利他の精神は忘れてはいけないと思います。

ただ現実的な話として、最終的に会社が儲からなければ、私たちは不幸になります。

当たり前のことですが、会社の利益が少なければ、社員の給料を上げていくことはできません。ボーナスを増やしていくこともできません。会社の利益が薄いと従業員の安定雇用がむずかしくなります。

また、企業は将来への投資をしていかなければなりません。

製造業の場合、設備投資に多くの資金が必要です。建屋、機械設備、コンピュータシステムなどの設備はいずれ老朽化し、更新の時期を迎えます。

古い設備で仕事ができないわけではありません。しかし競合他社が合理化のための設備投資を積極的に行なっていれば、当然それに後れをとることになります。すると次第にお客様の要求品質が満たせなくなり、コストが相対的に高くなり、次第に仕事量が減っていきます。

お客様にもっと喜んでもらうための新商品開発や新技術開発もお金がなければできません。

「未来のためにお金を使っていこう！」という前向きなマインドにもなれないと思います。

たしかに「値上げをして申しわけない」という気持ちもわかりますが、現在の経営環境が「値上げやむなし」である以上は「値上げした以上の顧客満足を提供できるよう頑張るぞ！」と考えていくことのほうが、より大切なのではないでしょうか。

儲けることは、決して悪いことではありません。利益は皆さんが一生懸命、汗水流して働いた報酬なのです。

利益を増やすための3つの要素

それでは「利益」とは、どのような公式で表されるのでしょうか。
それが「利益の方程式」です。利益の方程式とは、

製品Aの年間利益額（円／年） ＝ （売価（円／個） － 原価（円／個）） × 年間販売数量（個／年）

です。現在、皆さんは値上げを通じて、利益を増やしていきたいと考えていますが、右記の方程式からいえば、利益を増やすために必要な要素は３つしかありません。
①売価を高くする
②原価を安くする

③販売数量を増やす

原価より高く売れるものを、よりたくさん売っていく。これが大前提です。利益の方程式は、「利益」を主語にして仕事をしていくために、必ず押さえておくべきポイントです。経営者にとっては極めて当たり前の公式ですが、実務者にとっては意外となじみが薄いものです。

製造部門の人であれば、どれだけ工数がかかっているとか、どれだけロスが発生しているとかはパッと答えられますが、「それでいくら儲かったのですか？」と問うと「わからない」と返ってくることがほとんどです。

営業部門の人も同様です。売上についてはスラスラと答えられるものの、「それで年間利益はどのくらいになるのですか？」と質問しても「ズバリ〇〇〇万円の黒字です」と答えられる人はごく少数です。

ためしに近くの人に質問してみてください。

想像以上に「利益はいくらか？」で仕事をしている人が少ないという事実に気付くと思います。

▼たった1％で利益が2倍、3倍に！

図表1－1を見てください。これは製品1個あたりの売価が100円、原価が99円、販売数量が年間1万個の場合の利益の方程式です。これを計算すると年間利益額は1万円になります。

次に次ページ**図表1－2**を見てください。これは図表1－1から、たった1％だけ売価を高く設定した場合です。製品1個あたりの売価は101円となりますが、原価と販売数量はそのままです。これを計算すると年間利益額は2万円です。図表1－1の2倍になりましたね。

次ページ**図表1－3**はたった1％だけ原価を安く生産できた場合です。細かい計算は省きますが、1個あたり原価は98円に

図表1-1 ▶ 現在の製品Aの利益額

製品Aの利益＝（①売価－②原価）×③販売数量

売価　原価　販売数量　利益額

現状：（100円－99円）×10,000個＝10,000円

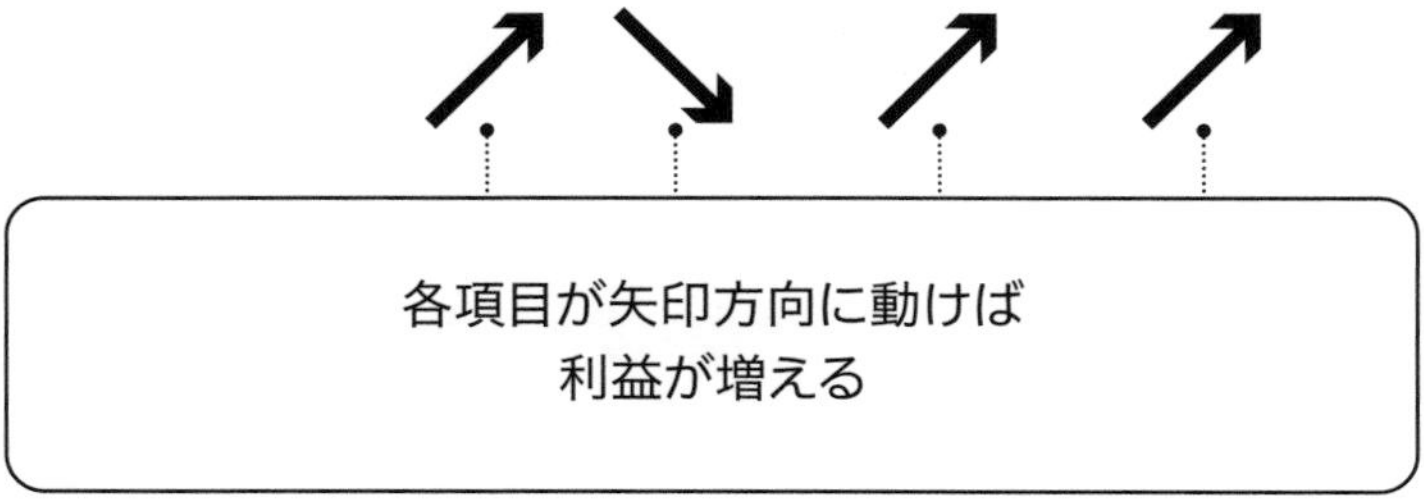

図表1-2 ▶ 売価を1%アップすると……

売価　原価　販売数量　利益額

現状：（<u>100円</u>－99円）×10,000個＝10,000円

1%アップ　　2倍

値上げ後：（<u>101円</u>－99円）×10,000個＝20,000円

たった1%の値上げで
利益額が2倍になるケース

図表1-3 ▶ 原価を1%ダウンさせると……

売価　原価　販売数量　利益額

現状：（100円－<u>99円</u>）×10,000個＝10,000円

1%ダウン　　2倍

コストダウン後：（100円－<u>98円</u>）×10,000個＝20,000円

たった1%のコストダウンで
利益額が2倍になるケース

なります。売価と販売数量はそのままです。これを計算すると年間利益額は２万円。これも図表１－１の２倍になりましたね。

それでは**図表１－４**の場合はどうでしょうか。たった１％だけ売価を高くし、たった１％だけ原価を安く生産できた場合です。販売数量は変わっていません。これを計算すると年間利益額は、なんと３倍の３万円に変身します。

元々の利益率が１％の製品であれば、売価と原価がたった１％改善することで、利益額ベースでは３倍に改善するのです。これはすごいことだと思いませんか。

少し乱暴かもしれませんが、もし会社

図表1-4 ▶ 売価を1%アップ、原価を1%ダウンさせると……

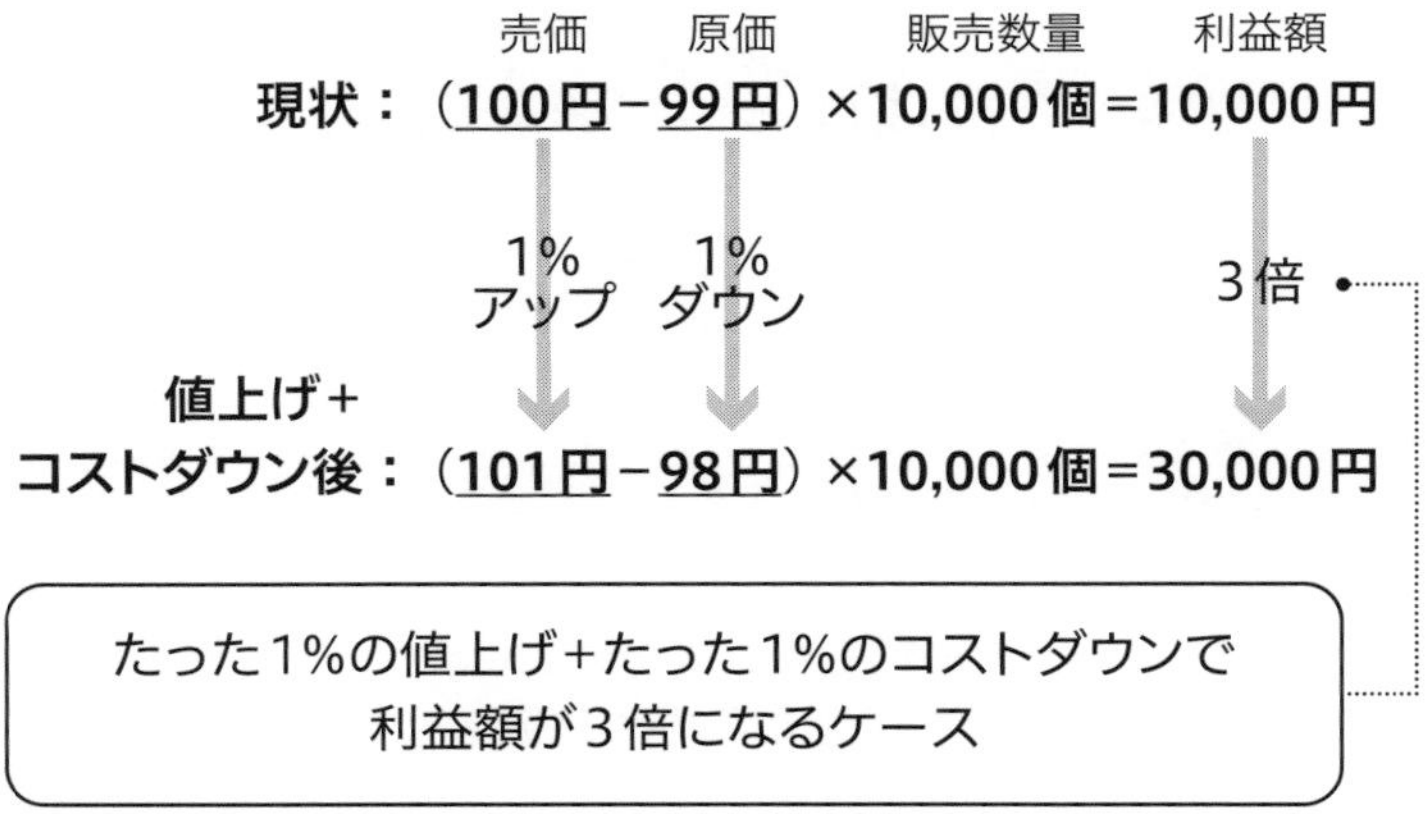

の営業利益率が１％だとすれば、全製品で同じことを実行すれば年間利益額は３倍になるかもしれませんね。営業利益率は３％に向上します。

なお、**図表１－５**は数量も１％増やした場合です。この場合の利益額は３万３００円です。図表１－４の結果と大差ありません。

つまり、数量を増やして利益額を２倍にしようと考えた場合、工場がもう１つ必要になるということです。経営資源が潤沢な大企業ならまだしも、中小企業が簡単に採れる戦略ではありません。

▼１％でも高く売る、１％でも安くつくる

図表1-5 ▶ 販売数量を1%アップさせても利益額はあまり変わらない

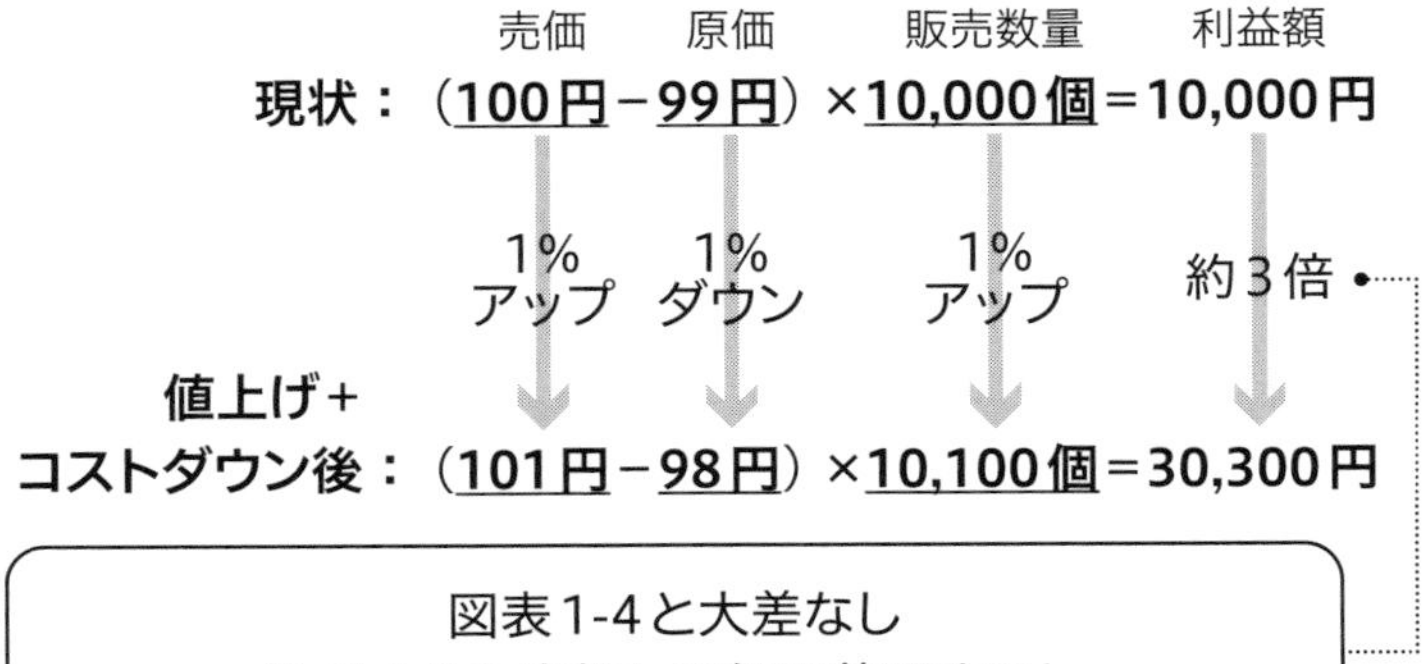
数量よりも売価と原価に着眼すべし

これから価格転嫁を進めていくうえで、たった1％でこれだけ利益が変わる場合があるということをはじめに知っておいてほしいと思います。

次のステップでは、どの商品が儲かっていて、どの商品が赤字なのか、現状把握をしていきます。値上げの前には、どのお客様に、どれだけ値上げをお願いしていくのか、その検討材料が必要ですよね。

それが「利益一覧表」です。

SECTION 1-2

経営のコンパス「利益一覧表」

ドッシリと構えて価格交渉をしていくための必須ツールが、「利益一覧表（図表1－6）」です。これは当社のコンサルティング（IPP）の成果物のひとつで、顧問先での営業戦略や価格戦略の策定に大いに役立っています。

利益一覧表とは？

利益一覧表とは、どのお客様がいくら儲かっていて、どの製品がいくら儲かっているのか、「良い子、悪い子、普通の子」をリスト化し順番に並べたものです。

重要なことは、「粗利」ではなく「全社利益」で考えている点です。真の損益状況を表したものになっているのが最大のポイントです。

図表1-6 ▶ 顧客別・製品別 利益一覧表

得意先名	製品名	① 売価 (円/個)	② 全社原価 (円/個)	③=①−② 全社利益 (円/個)	④=③÷① 全社利益率 %	⑤ 年間数量 (個／年)	⑥=①×⑤ 年間売上 (円／年)	⑦=③×⑤ 全社利益額 (円／年)
A社	X	100	50	50	50%	10,000	1,000,000	500,000
	Y	200	150	50	25%	5,000	1,000,000	250,000
	Z	300	400	-100	-33%	1,000	300,000	-100,000
A社合計					28%	16,000	2,300,000	650,000
B社	イ	150	50	100	67%	1,000	150,000	100,000
	ロ	100	30	70	70%	5,000	500,000	350,000
	ハ	300	200	100	33%	500	150,000	50,000
	ニ	500	550	-50	-10%	5,000	2,500,000	-250,000
B社合計					8%	11,500	3,300,000	250,000
C社	あ	700	600	100	14%	20,000	14,000,000	2,000,000
	い	200	100	100	50%	10,000	2,000,000	1,000,000
	う	300	500	-200	-67%	30,000	9,000,000	-6,000,000
	え	50	70	-20	-40%	50,000	2,500,000	-1,000,000
C社合計					-15%	110,000	27,500,000	-4,000,000
全体					-9%	137,500	33,100,000	-3,100,000

▼利益一覧表の重要性

利益一覧表は、社長が自信をもって経営判断を行ない、営業マンが利益を意識した値決めや価格交渉をしていくための必須ツールです。

利益一覧表が手元にあれば「このお客様には、たくさん儲けさせてもらっている。もっとＶＩＰ対応していこう！」とか「あの製品は全然儲かっていないから、思い切って値上げしよう！　最悪の場合、この製品は販売中止だ！」といった利益を基準にした経営判断ができるようになります。

逆に手元に利益一覧表がなければ、勘で経営判断をするしかありません。

実際は何千万円も赤字を出しているかもしれないのに、「長年付き合ってきたお客様だから、値上げはやめておこう」としてしまったり、本当は利益率が何十％もある仕事なのに、「いつも短納期」という理由だけで簡単に辞退してしまったりと、判断ミスにつながってしまいます。

利益一覧表の見方

それでは利益一覧表の見方を解説していきたいと思います。

図表1－6は、得意先A～Cの3社それぞれに販売している製品の利益一覧表です。このような利益一覧表を「顧客別・製品別 利益一覧表」と呼びます。

先頭行には①～⑦までの番号が振ってあり、それぞれの計算式が明記されています。不慣れな方は、ここでペンと電卓を取り出して、各項目の考え方をしっかりと理解しておいてください。とくに（円／個）や（円／年）などの単位に注意して、「利益の方程式」を思い出しながら整理していくとわかりやすいと思います。

▼全体像から見ていく

利益一覧表は、「会社全体の損益」→「顧客ごとの損益」→「製品ごとの損益」の順に見ていくとわかりやすいです。図表1－6の利益一覧表では、⑦年間全社利益額は会社全体で▲310万円の赤字になっています。

顧客単位で見ると、A社は65万円の黒字顧客、B社は25万円の黒字顧客、C社は▲400万円の赤字顧客となっています。

このように真の損益状況が見える化されていたら、皆さんはどう感じるでしょうか？ほとんどの人が「▲400万円も赤字を出しているC社をなんとかしなければ！」と思うはずです。

▼段々と細かく見ていく

それでは、赤字顧客であるC社にはどのような製品を販売しているのか、分析してみましょう。

C社には「製品あ」～「製品え」までの4製品を販売しており、それぞれの損益状況が利益一覧表には示されています。

見てわかるとおり、ここでいちばんの悪玉は「製品う」です。⑦年間全社利益額は▲600万円となっており、売価が300円/個、全社原価が500円/個、販売数量3万個/個だということがわかります。

今回のケースでいえば、この「製品う」さえ何とかできれば、会社全体の赤字▲310万円/年は黒字化してしまうかもしれませんね。

このように大きなところから見ていき、徐々に細かく見ていくのが分析ポイントです。

▼あとは意思決定

ここまで明確になれば、あとは意思決定です。

次節でご紹介する「4つの戦略」を立て、実行に移していきます。

SECTION 1-3

「4つの戦略」を描こう

利益一覧表で良い子、悪い子、普通の子が判別できたら、どうやって収益改善につなげていくのか戦略を描き、意思決定を行なっていきます。

会社の状況によってさまざまなアプローチがありますが、ここでは①営業戦略、②製品戦略、③価格戦略、④コストダウン戦略、この4つを重要視していきます（次ページ**図表1－7**）。

本書のテーマである「値上げ」は、③価格戦略に該当します。上手に値上げを進めていくためにしっかりと戦略を練っていきましょう。

営業戦略とは？

営業戦略の基本的なスタンスは、儲かるお客様には手厚く営業し、そうではないお客様にはそれなりに対応していこうという考え方です。いくつか例を挙げておきたいと思います。

〈営業戦略の例〉

「全社利益率の高いW社にはもっと営業しよう！　このお客様の仕事をもっと受注して稼ぐぞ！」

「全然儲かっていないX社とは、距離を置いていこう！　あそこは当て馬の見積り依頼ばかりだし、たまに受注できたと思ったら、安くて手間がかかる仕事ばかりだ」

「Y社はあまり儲かっていないけれど、

図表1-7▶4つの戦略の位置づけ

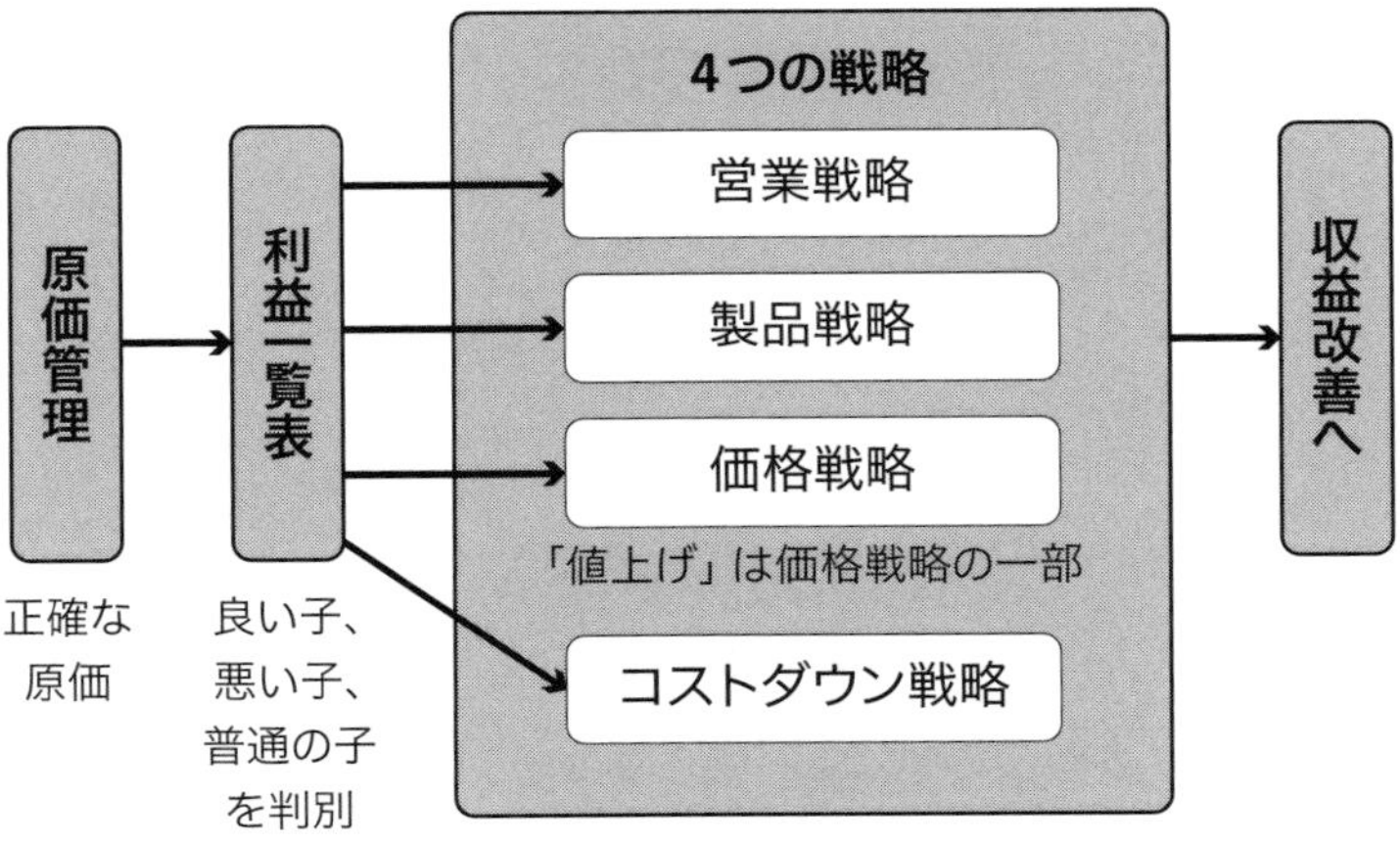

将来性のある市場を持っている。３年間は様子をみよう。新規案件を逃さないために定期訪問は欠かさないようにしよう」

「Z社は全社利益では赤字だが、工場の稼働率を支えている部分が大きい。赤字だからといって、いますぐこの仕事を断ってしまうと固定費が回収できないな。他の仕事が増えてくるまでは現状維持だ」

製品戦略とは？

次は製品戦略について考えてみたいと思います。

製品戦略の基本は、儲かる製品をたくさん売り、儲からない製品はあまり売らないようにしていこうというものです。

〈製品戦略の例〉

「儲けの少ない商品群αは、ディスコン方針を立ててやめていこう！」

「儲かる商品群βには、もっと経営資源を投入しよう！」

ディスコンとは、ディスコンティニュー（Discontinue）のことで、「中止する」という意味になります。平たくいうと「販売中止」「生産中止」です。

自社商品を展開している会社であれば、比較的簡単にディスコンを決断していくことができます。しかし、お客様から仕事を請け負っている会社の場合は、不可能ではありませんが、ディスコンには多少時間がかかります。儲からないからといって、一方的にお客様への供給を止めてしまうのはトラブルの元です。お客様と交渉を重ねながら慎重に進めていく姿勢が大切です。

すべての製品には儲け寿命がある

ところで、利益一覧表を儲かっていないワースト順に並べ替えてみると、古くから生産・販売しているものが上位に挙がってくることがよくあります。

古い製品が儲かりにくいのには、実は理由があります。

なぜなら、この世のすべての製品やサービスには、必ず「儲け寿命」が存在するからです。

寿命の長い製品もあれば、短い製品もあります。別名「プロダクト・ライフサイクル」ともいいます。

「儲け寿命」とは**図表1-8**のグラフのように、初めはあまり売れない（儲からない）けれど、段々売れる（儲かる）ようになって、その後、段々売れなく（儲からなく）なり、最後はまったく売れなく（儲からなく）なる現象です。

導入期とは、新製品開発や試作の段階、新しい商品やサービスが市場に登場し始めたばかりの段階です。このときの売上や利益は少ないのが通常です。

成長期とは、新製品が世間に受け入れられ、市場規模が拡大していく段階です。それに伴って製品自体に改良が加えられたり、合理化によるコストダウンが図られたりして、徐々に売上や利益が増えて

図表1-8 ▶ 儲け寿命（プロダクト・ライフサイクル）

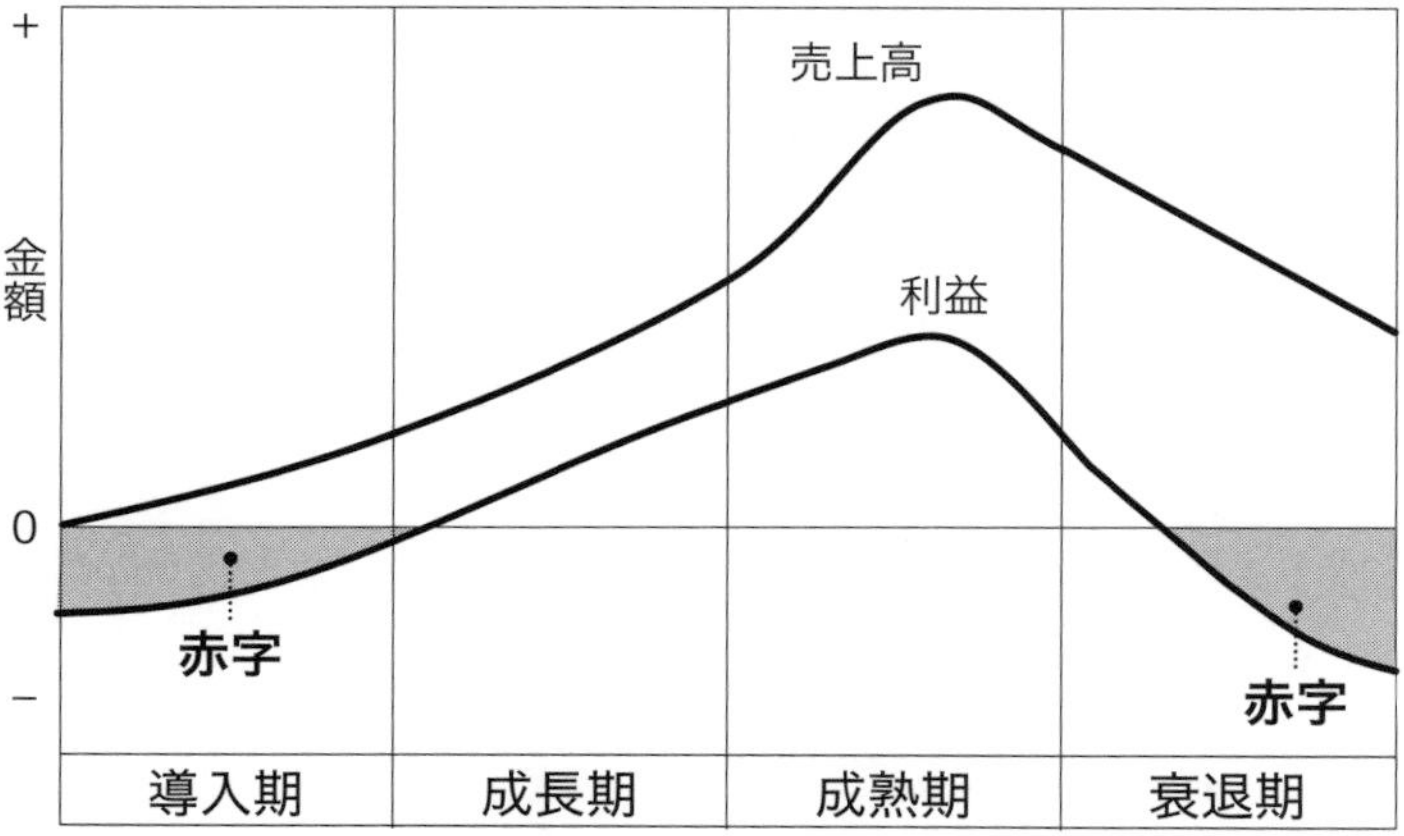

いきます。

成熟期になると、次第に市場が飽和していきます。それまで目新しかった技術やサービスが当たり前となり価値の低下が始まります。類似製品の台頭により価格競争も始まってきます。そのため売上や利益は減少に転じます。

最後が衰退期で、儲け寿命が尽きてしまった段階です。この段階に入った製品やサービスは、手をかけても、利益を得ることがむずかしくなっていきます。

▼液晶テレビの例

液晶テレビの全盛期は2000年代前半で、1インチ1万円といわれた時代がありました。40インチの液晶テレビが40万円もした時代です。ブラウン管テレビからの置き換えが進み、液晶テレビが市場に浸透していく段階にありました。

初めは小型テレビが主流でしたが、どんどん大型化、薄型化が進み、高画質になっていきました。これが成長期です。

しかし現在はというと、メーカーを選ばなければ60インチ以上の液晶テレビであっても10万円台で買えるようになりました。画質も良く、インターネットに繋ぐことだってできます。性能自体は飛躍的に向上しており、私たちの生活を豊かにしてくれる素晴らしい商品であることは間違いありませんが、価格は下落しています。
また、液晶に代わる新技術製品として有機ＥＬが登場しています。残念ながら液晶テレビの儲け寿命は、成熟期〜衰退期のエリアに入っているといえるのではないでしょうか。

このように、製品や技術の価値は時間とともに下がっていきます。それをそのまま生産、販売し続けても次第に売れなくなり、儲からなくなっていきます。

これは家電製品に限らず、コンビニスイーツでも、自動車であっても同様です。厳しい現実かもしれませんが、枯れた花にいくら水をあげても咲かないのと同じく、寿命が尽きてしまった製品にどれだけ力を注いでも、高く売ることはできないのです。

▼だから新製品開発や新技術開発が必要！

儲け寿命が尽きた製品だけを売っていたら、次第にジリ貧になっていきます。

一方で「儲からないから」といってディスコンばかりしていくと、今度は売るものがなくなっていきます。

そのため企業はより価値が高く、より高く買ってもらえる新製品や新技術の開発を行なう必要があります。より合理的に生産できる技術や工法を研究し、技を磨いていかなければいけません。

これは大企業であっても、中小企業であってもまったく一緒です。

たまに「ウチは中小企業だから、そんなのムリだよ」というお声も耳にしますが、それを言ってしまったら商売はおしまいです。

需要が少なく、儲からないものを売り続けることはできないわけですから、それこそ店をたたむしか残された道はありません。

少し脱線しましたが、値上げとは別次元で新製品開発や新技術開発を行ない、商品力を磨いておくことは避けて通れません。

価格戦略とは？

価格戦略は、営業戦略と製品戦略がベースになって描かれます。


〈価格戦略の例〉

「ディスコン方針を立てた商品群Aは、撤退を前提とした高い価格設定にしていこう」

「お客様B社からは距離を取ろう。お断り価格で見積っていこう」

「来期は工場稼働率の低下が懸念される。特別価格を提示し仕事量を確保していこう」
「今回の物価上昇は自社で吸収し切れない。値上げしていこう」
「競合他社はこぞって値上げをしている。しかし、当社は価格据え置きでも十分黒字だ。逆に値上げしないことをＰＲしてシェアを根こそぎ奪いにいくぞ」

このように価格戦略には状況に応じたさまざまなアプローチがあります。

コストダウン戦略とは？

儲け寿命によって、製品やサービスの価格は次第に下がっていきます。そのため同じコストで商品提供を続けていると、利益は次第に減っていきます。

儲け寿命を長く保つためには、コストダウンや生産性向上といった改善活動が必須です。

コストダウンを進めるポイントは、コストダウンの対象をキリの穴のように絞って考えていくことです。

「製品○○の△△工程の、●●設備の▲▲ロスを減らして、１個□□円の原価低減を図ろう！」

このように、具体的にコストダウン対象を定め、ピンポイントで狙い打ちしていくのです。

中小企業の多くは人手不足です。「全製品やろう！」とか「全工程10％の生産性改善だ！」と声高に叫んでも、なかなか進められないのが現実です。したがって、対象を絞りに絞り、そこで成功した手法を類似製品にコピー＆ペーストしていくやり方がベターです。

これまで数多くの中小企業のコストダウン活動を指導させていただきましたが、この手法が最も効率的でした。

全体最適が大切

「4つの戦略」を描く際は、「全体最適を考えていくこと」が大切です。

よく営業部門は「売上の大きいお客様A社の仕事」に一生懸命になり、工場部門は「つくりやすいお客様B社の仕事」に一生懸命になり、社内のベクトルが合っていないことがあります。このような状態を「部分最適」といいますが、これではいけません。

経営では「全体最適」の視点が重要です。ここでの「全体最適」とは、利益一覧表で「最も儲けさせてくれるお客様」が1つの判断基準です。もしかすると、それはお客様A社でも、お客様B社でもなく、お客様C社かもしれませんよね。

従業員の立場からすれば、自部門にとって有利な選択をしたいという気持ちもわかりますが、ここでは社長の立場になって「会社全体にとって何が最適か」という視点で考えていくことが大切です。

そして、「社長、利益一覧表では○○になっているので、今後××していってはどうでしょうか」と提案していくことが大切だと思います。経営者にとっては頼もしい限りではないでしょうか。

もちろん、4つの戦略の最終的な意思決定は、社長の仕事です。中立の立場で状況判断し、その判断についての責任をとれる人物は社長をおいて他にいません。

社長には、ぜひ強いリーダーシップを発揮していただき、方向性を示していってほしいと思います。

CHAPTER 2

誤解だらけの原価と売価

SECTION
2-1

「原価と売価の違い」をはっきりさせる

原価と売価の定義

本書の冒頭で、値上げがうまくいかない諸悪の根源は「いい加減な原価」にあると述べました。

原価計算のやり方を間違えてしまうと、「利益の方程式」は解けません。

そうなると「たぶん儲かっているだろう」とか「いや、儲かってないはずだ」といったKKD（勘、経験、度胸）で経営判断をしていくことになってしまいます。

この章では、多くの方が誤解してしまっている「原価と売価」について、詳しく解説していきます。この根本的な部分を正しておかないと、上手に値上げを進めていくことはできません。しっかりと理解を深めていってほしいと思います。

まずは、原価と売価の定義についてみていきましょう。

皆さんの会社で「原価」や「売価」、あるいは「見積り」と呼ばれているものを思い出しながら、読み進めていくと理解が深まると思います。

ここでは製造業の事例で解説をしていきます。

〈原価の定義〉

原価とは、製品1個あたりの生産や販売に費やした材料費、労務費、減価償却費などすべての経費を合計した価《あたい》。

※利益は含まない。

〈売価の定義〉

売価とは、需要と供給の関係により適正に決定された価《あたい》。

※通常は原価に適正利益を乗せる。

ここでは単位を「製品1個あたり」としていますが、会社によっては「製品1キログラムあたり」や「製品1台あたり」、「1ロットあたり」などに変わります。自社のわかりやすいものに置き換えていってください。

材料費とは、製品の加工や組立、出荷、販売までに使用する資材の仕入れ代金です。

労務費とは人件費です。労務費には製造現場の作業員に支払う給料のほか、事務所で仕事をしている管理職や間接部門で働く人の給料なども含まれます。間接部門というのは、総務や経理、営業、生産管理など管理部門や、技術・設計部門などのことをいいます。

減価償却費とは、主に工場や事務所の建物代、生産活動のために購入した機械設備代などです。

そして、これらの他に会社が支払っているすべての諸費用を製品1個あたりに賦課します。

これらを合計した価を、原価といいます。

ポイント❶　原価はすべての費用の合計である

重要ポイントは「すべての経費を合計した価」という部分です。

製造業では「原価はものづくり（工場）でかかっている費用のことでしょう?」と誤解されている方が多くおられます。

一般的な製造業では、原材料や部品を仕入れた後、工場で人や機械を使って製品のかたちに加工していきますが、ここまでにかかった費用、つまり材料費と加工費だけを原価だと誤解してしまっているのです。

しかし会社全体で考えた場合、発生している費用はそれだけではありません。

実際には、お客様から注文をいただくための営業活動を行なっています。

営業マンを雇うための人件費、ウェブサイトをつくるための販売促進費、商談や客先訪問のために旅費交通費や接待交際費なども費やしているでしょう。

原価は、販売するまでにかかったすべての費用です。これらを含めて原価としておかなければ、最終的にいくらで売れれば儲かるのか明確にすることができません。

それ以外にも、会社には総務、経理、設計、技術、品質管理、生産管理、購買などの部門があり、それぞれでお金がかかっています。本来はこのような間接費用もしっかりと計算し、製品1個あたりの原価に算入しなければなりません。

近年コストが上がっているのは、製造にかかる費用だけではありません。

業務の複雑化などによって、間接費が原価に占める割合は高くなっています。値上げを進めていくうえでは、こういった部分も忘れずに考慮しておくべきです。

余談ですが、間接費を見える化しておかないと「間接費は高い」という心にもなれません。

私は、間接部門で働く人たちが自らの業務改善すらせずに、工場に対して「もっと早くつくれ」、「もっとロスを減らせ」といったコストダウンの押し付けをしてはならないと考えています。

そのような状態が続けば「(間接部門にも金がかかっているくせに) どうして私たち製造現場ばかりが苦労しなければならないのだ」と不満が募り、工場から貴重な人材が流出していってしまいます。

そういう意味においても、原価には間接費をしっかりと算入し、全社一丸で収益改善を進める体制にしておくべきだと思います。

ポイント❷ 原価に利益は含まない

「そんなの当たり前だ!」とお叱りを受けるかもしれませんが、意外とこの部分を誤解して見積りを行なっているケースが多々あります。

▼NG例❶　見積りの明細を原価計算書としている

とくに大手のお客様から「見積りの明細を出せ」と厳しいコストを押し付けられている中小企業でよくみられます。

大手のお客様に見積書を提出すると、お客様から「材料費はいくらか?」「加工費はいくらか?」「管理費はいくらか?」「製品価格100円/個の内訳を細かく出してください」と要求されることがあります。

中小企業の立場は弱い場合がほとんどです。この要求を頑として断っていても商売にはなりません。そのため、何らかの形で「見積り明細」を提出しているのが実態です。

このときにお客様に提出する「見積り明細」を「原価計算書」だと勘違いしてしまっているケースが、実に多いのです。

しかし、それは売価計算書であって、原価計算書ではありません。

筆者は「見積り明細」のことを「売価計算書」と呼んでいます。

皆さんの会社には、見積書に記載する提示価格を決めるために、独自のエクセル計算フォーマットなどに必要な数字を入力すると、提示価格が半自動的にはじき出されるものがあったりしませんか？

これはあくまで提示価格、つまり売価を計算したものなので、そこには利益が含まれているはずです。

もしお客様に対して、**図表2-1**のように「製品価格100円／個の内訳ですが、全社原価は80円／個で、全社利益は20円／個です」と正直に開示したら、どうなってしまうでしょうか。

きっと、お客様から「おたくの会社は利益率を20％も取っているのか！」「自分たちだけ儲かれば良いというのはおかしいだろ！」「もっと安くしろ！」「値引きしろ！」と言われてしまうのではないでしょうか。

図表2-1 ▶ 製品価格100円／個の明細を正直に書くと……

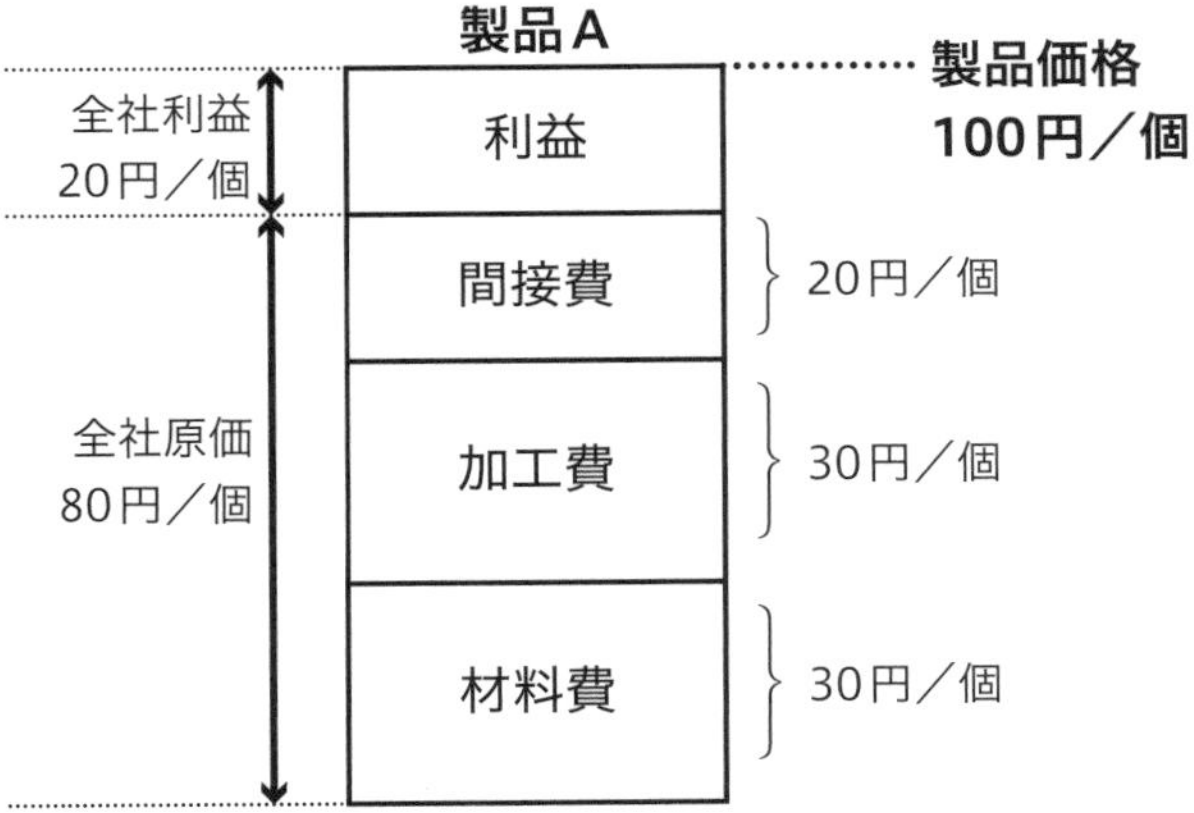

そのため、ほとんどの会社では「全社利益は20円／個を確保している」ということがバレないように、**図表2－2**のように見積りの明細上では上手にブラックボックス化し、いろいろな費用がかかっているという風に見せかけて「見積りの明細」を作成しています。

このように「見積り明細」には利益が含まれているのですが、原価と売価を混同している企業では「見積り明細」を「原価計算書」だと誤解してしまっているのです。

そのため製品1個あたりの全社利益を正しくつかむことができていないのです。

本来あるべき姿は、お客様には上手に

図表2-2▶お客様に出す「見積りの明細」はこうなっている

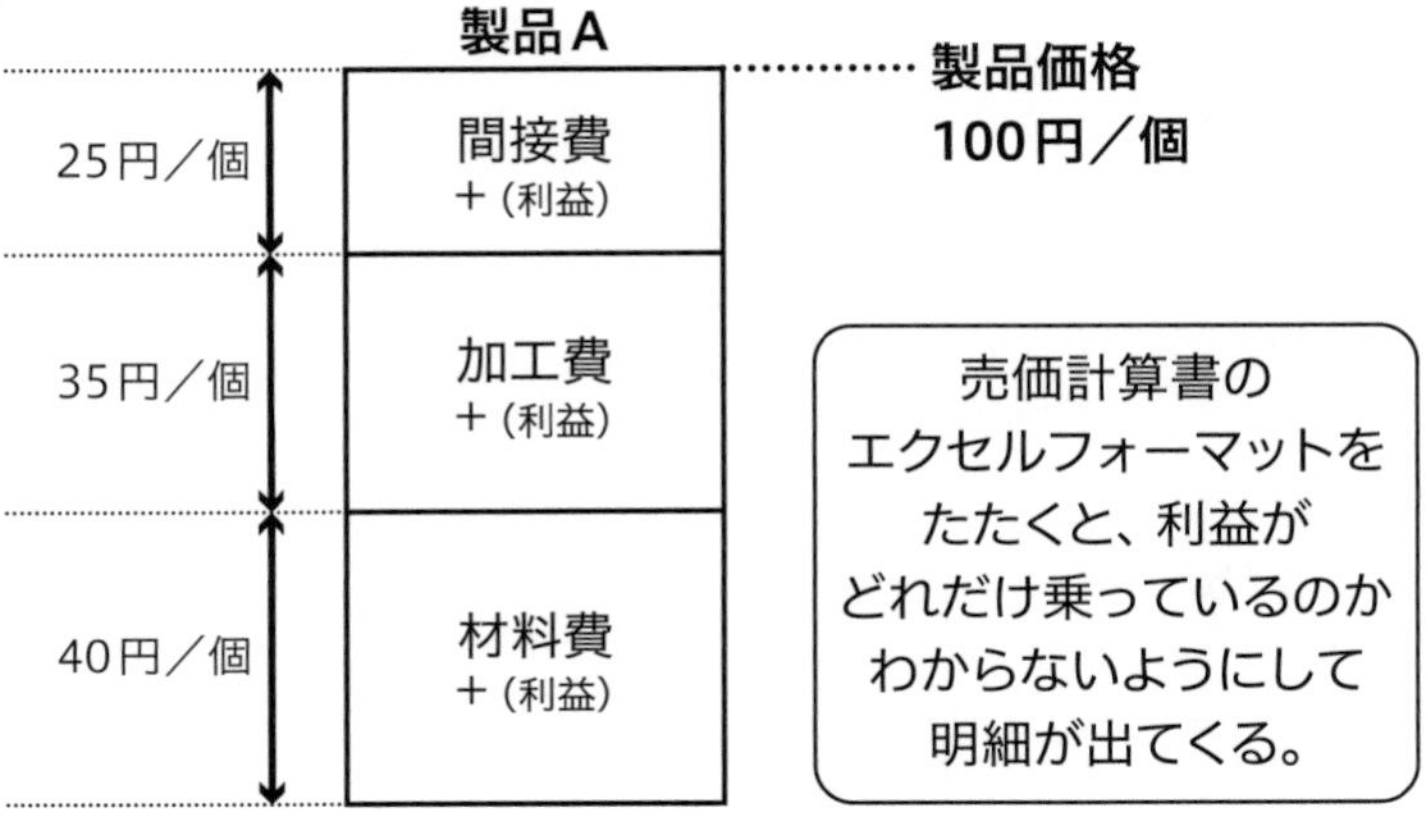
製品A
25円／個
間接費
＋（利益）
35円／個
加工費
＋（利益）
40円／個
材料費
＋（利益）
製品価格
100円／個
売価計算書の
エクセルフォーマットを
たたくと、利益が
どれだけ乗っているのか
わからないようにして
明細が出てくる。

作文した「見積り明細」（図表2－2）を見せておき、その裏ではビシッとした根拠に基づく原価計算書（図表2－1）を持っておくことです。そして自社の原価管理や損益管理を行なっていくのです。

▼NG例❷　チャージ（レート）に利益を含めて原価計算している

もう1つ、原価と売価について誤解している例をみてみましょう。

チャージ（レート）とは、賃率といって加工費や間接費を計算するために使用される係数のことです。

本書では細かな原価計算のやり方については割愛しますが、チャージにはいろいろな種類があります。人の加工費を計算するために用いる直接マンチャージ、機械設備の加工費を計算するために用いるマシンチャージ、間接費を計算するために用いる間接費チャージなどです。製造業であれば、この3つのチャージは正しく原価計算をしていくうえでほぼ必須です。

たまに会社全体の人件費や諸経費を1つにまとめたトータルチャージで原価計算をしている企業もありますが、それだと大雑把な原価計算結果しか得られません。

製品1個あたりの人件費や機械設備代、エネルギー費、間接費がそれぞれいくらかかっているのかが原価計算書上に表れてこないため、値上げの根拠説明やコストアップシミュレーション、原価低減活動に活かしづらいという欠点があります。

いずれにせよ、チャージはあくまでも費用を計算するためのものですが、そこに利益が含まれてしまっているケースが少なくありません。

それではなぜ、チャージに利益が含まれてしまうのでしょうか。

本来、原価計算に使用するチャージは、会社の実態に即して計算された公式なものでなければいけません。

会社の公式な数字なので、気軽に変更できるものではありません。しかし誤った原価管理が横行している会社では、次のようなことが日常的に行なわれています。

- 見積り担当者が余裕をみて、勝手にチャージを高くしている。
- 競合価格や相場価格に合うように、会社の実態とかけ離れたチャージに調整している。
- 過去に誰かが決めたきりで、現在はなんとなく1・5倍くらいだろうとしている。

こうやって最終的に計算された数字は、利益が含まれたものがほとんどです。

つまり原価ではなく、売価なのです。

売価計算書を見ても「どこにどれだけの費用が掛かっているか、まったくわからない。純粋な利益って本当はいくらなのか」となるのは至極当然のことなのです。

皆さんの会社がこのような様相を呈しておられるのであれば、一刻も早く正しい原価をつかまえることに着手すべきです。

SECTION 2-2

しつこく「原価と売価の違い」をはっきりさせる

原価は計算するもの。売価は設定するもの

もう少し、原価と売価の違いについて理解を深めていきたいと思います。

「原価は計算するもの。売価は設定するもの」

このフレーズをまぶたに焼き付けてほしいと思います。

原価は次のように考え、計算して求めていきます。

・材料費は、○○を○○個使うので○○円かかる。
・加工費は、何人で、どの機械を使って、何分で何個つくるので○○円かかる。
・間接費は、○○なので○○円かかる。
・したがって、製品1個あたりの全社原価は合計○○円になる。

一方で売価は、全社原価に適正利益を乗せた価です。

自社の経営方針やお客様との関係性、タイミング、マーケットの状況などを総合的に考え「今回は利益をどれだけ乗せようか」と都度設定していくものになります。

この「設定する」という感覚がとても重要です。

仮に製品1個の原価が90円の場合、会社が目標とする営業利益率が10%であれば、10円の利益を乗せた価格１００円／個で売価設定を行ないます（**図表2－3**）。

このように考えて売価設定するシチュエーションもあれば、お客様が価値を感じて買ってくださるのであれば、売価は2倍の２００円／個で設定しても良いのです（78ページ**図表2－4**）。

もっと極端にいえば、お客様が買ってくださるのであれば、売価1万円／個で設定したって構わないのです（79ページ**図表2－5**）。

また現実的な話として、赤字で売価設定しなければいけない場合もあります。

「原価は90円／個だが、市場価格は80円／個だ。この案件を失注すると、今後の経営に影響を及ぼす。仕方ないが今回は赤字▲10円／個で売価設定しよう。その代わり他の製品でしっかり儲けるぞ！」

このように考え、売価はその都度設定していくのです。

原価は1つ。売価は無限大

原価計算の結果は、誰が行なっても同じ数字になるように、会社の仕組みを整えておく必要があります。それが「原価は1つ」という意味です。筆者が行なう

図表2-3▶売価は無限大…その①

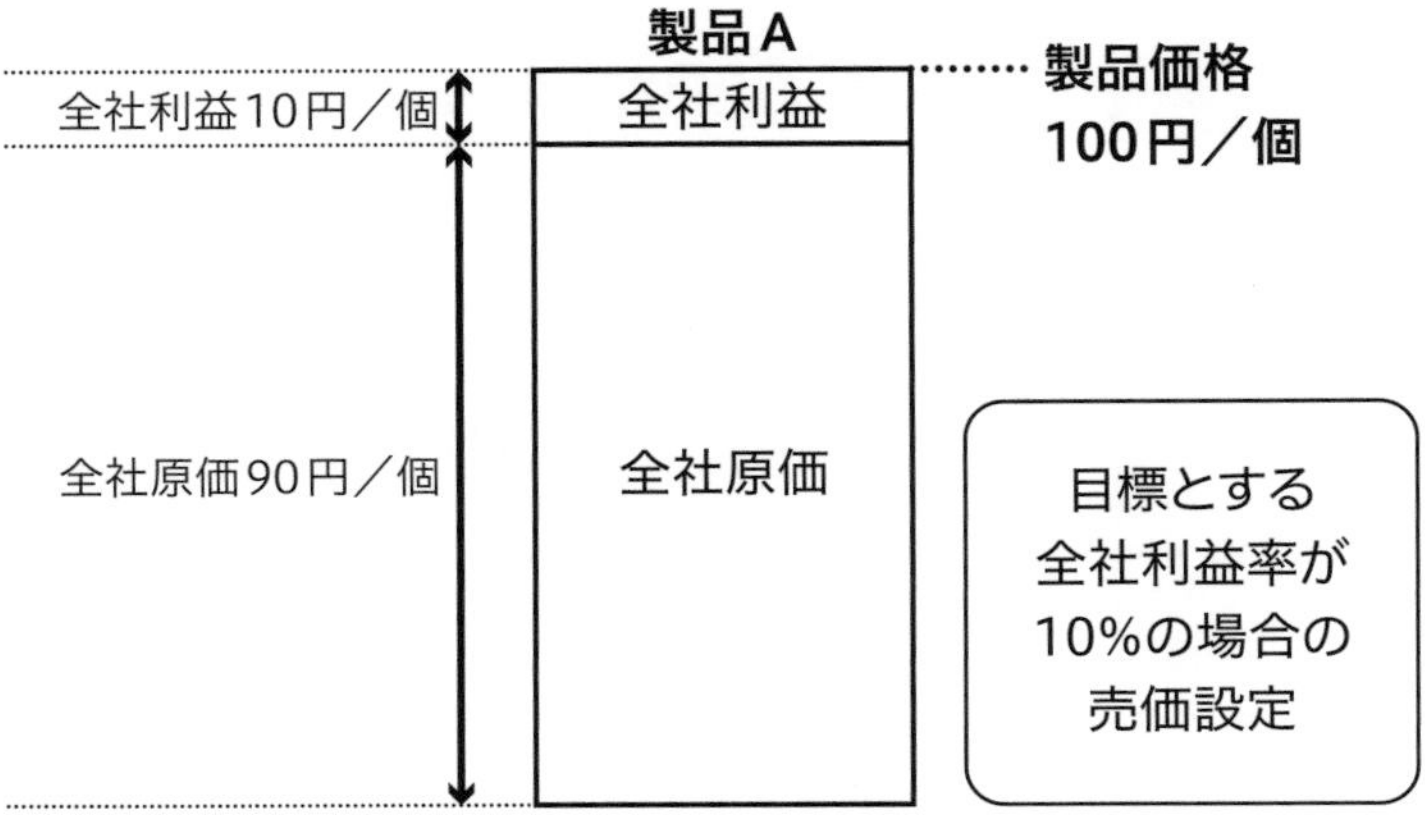

図表2-4 ▶ 売価は無限大…その②

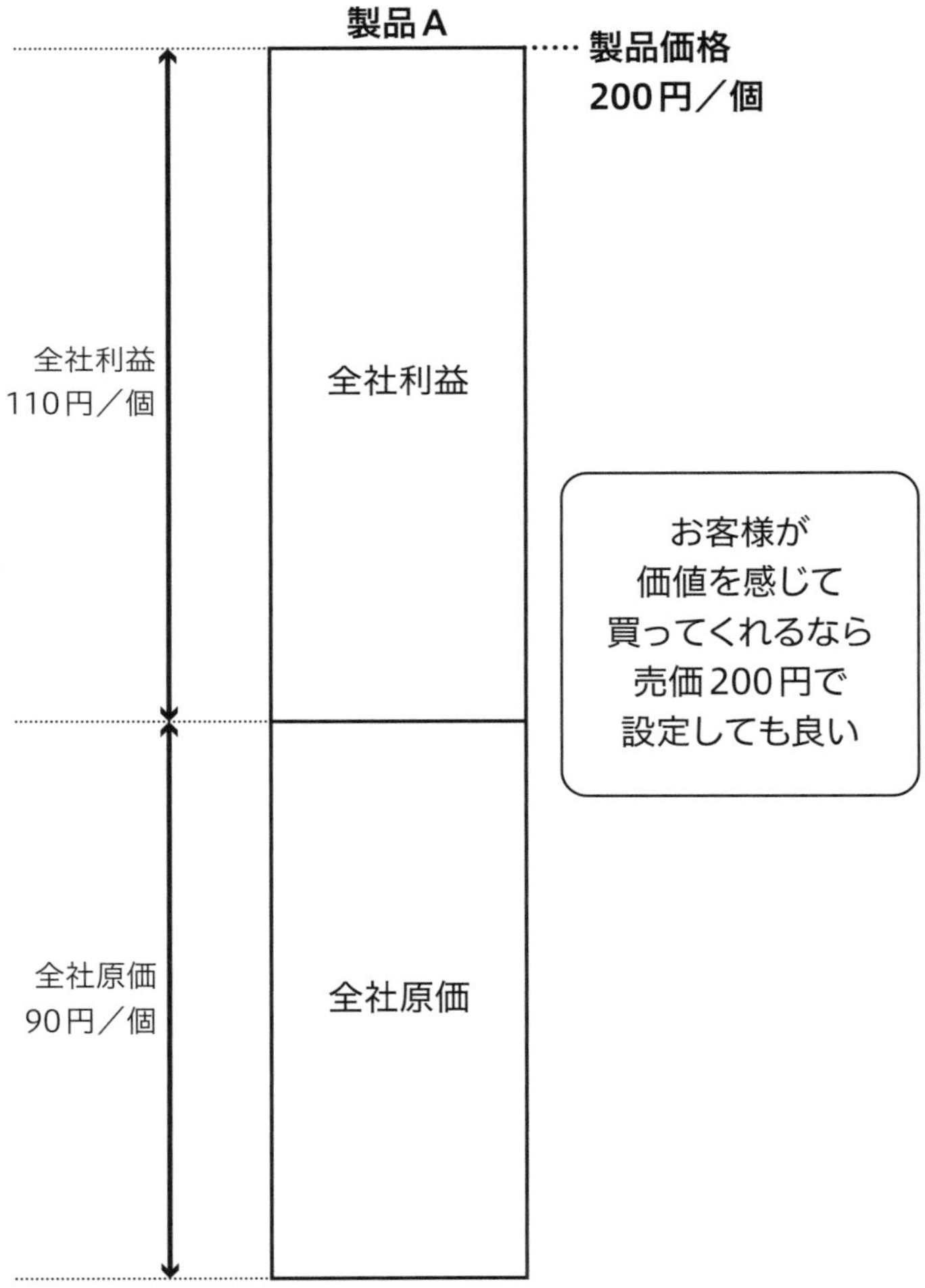

図表2-5 ▶ 売価は無限大…その③

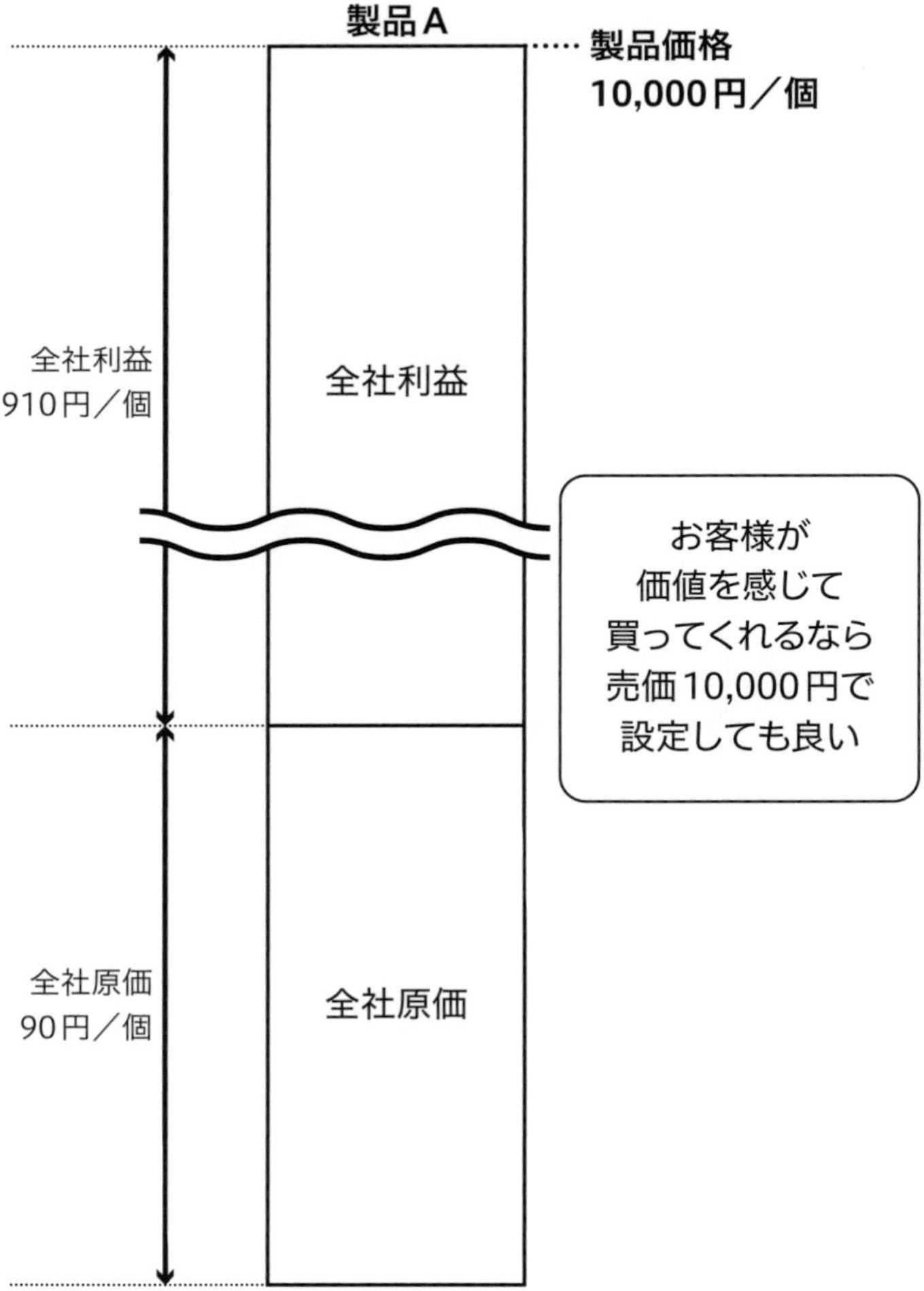

ＩＰＰコンサルティングでは、最終的にその状況まで持っていきます。

このあたりのルールがあいまいな会社では、次のような現象が起きています。

▼ＮＧ例……同じ製品なのに人によって原価計算の結果が違う!?

製品Ｘの原価を、Ａさんが見積もると原価１００円／個となります。

ところがＢさんが見積もると「製品Ｘは現場でたくさん不良ロス出ていたなあ。原価は１２０円／個が妥当かな」となります。

Ｃさんにやらせると「不良の問題はもう解決済みと聞いています。むしろ工場は合理化のための設備投資をしたので、原価は70円／個になりますよ」と言うわけです。

Ｄさんに至っては、「いまは物価が上がっているんだから、私は原価１５０円／個で計算してるよ」となったりします。

社長はいったいどれを信じ、値上げのジャッジをしたら良いのでしょうか。

会社のルールを整備し、誰が行なっても原価計算の結果は１つになるようにしていく。これが重要です。

▼売価は無限大

さきほど売価は設定するものだと述べましたが、その設定の幅は無限大に存在します。自社の経営方針やお客様との関係性、タイミング、マーケットの状況などのシチュエーションは千差万別です。

たっぷりと利益を乗せることもあれば、赤字で売価設定することもあるでしょう。

いかがでしょうか。まずは原価と売価について正しい理解をしておかないと、利益一覧表をつくることができず、値上げの検討すらままならないことがおわかりいただけたかと思います。

次の章からは「値上げの準備」についてです。

値決めの条件や価格交渉カードのつくり方などについて、ご紹介していきたいと思います。

CHAPTER 3

値決めの基本

SECTION

3-1

値決めの基本姿勢をしっかりともつ

上手に値上げ交渉を進めていくためには、とにかく準備を怠らない。この一点に尽きます。

皆さんの元には、連日のように仕入先から価格改定依頼がきているかもしれません。

ニュースで「○○社が○○％値上げした」という報道を見聞きするかもしれません。

それを受けて「我が社も早く価格転嫁せねば！」と危機感を感じることは大切です。

しかし、功を焦って場当たり的に値上げ交渉をしかけることは失敗の元です。

入念な理論武装や社員教育を重ね、しっかりと価格転嫁力を鍛えておくことが成功のコツです。

値決め（売価設定）の基本

まずは値上げ以前の話として、値決め（売価設定）の基本から押さえていきましょう。「値上げ」も煎じ詰めていけば、「値決め」そのものに辿り着きます。

〈値決めの基本姿勢〉

その1……売価は全社原価に対して、適正な利益を乗せた価《あたい》とする
その2……売価ゾーンを明確にし、その範囲内で売る
その3……売価ゾーンのなかでもあっても、できる限り安売りはしない
その4……売価ゾーンから外れて売る場合は、〝赤字を見える化〟しておく
その5……売価ゾーンから外れて売る場合は、〝特別価格ルール〟を回す

▼その1「売価は全社原価に対して、適正な利益を乗せた価《あたい》とする」

これについては前章で繰り返し述べてきたとおりです。通常は全社原価に利益を乗せていきます。

▼その2「売価ゾーンを明確にし、その範囲内で売る」

売価ゾーンとは、営業担当者に与えられる価格交渉の余地の部分です。具体的には「100～200円のあいだで売ってくること」、「利益率は5%以上を確保すること」といったものになります。

売価ゾーンの設定は、経営者や営業担当役員の責任の元で行ないます。設定方法はさまざまで「製品群Aは利益率5%以上、製品群Bは利益率10%以上で設定」としている会社もあれば、案件ごとに経営者が「まずは○○万円以上で交渉してきて」と個々に設定する会社もあります。

▼その3「売価ゾーンのなかであっても、できる限り安売りはしない」

仮に売価ゾーンが「利益率5%以上」と設定されていたとすると、ついつい「利益率5%で受注できればいいや」と思ってしまいそうですよね。

しかし、ここではもっと貪欲にいきます。なぜなら企業は利益を増やし、将来への投資を続けていかねばならないからです。従業員の賃金アップも必要だからです。

お客様の懐具合を見極め、自社製品の価値を正しく伝えることによって1円でも高く、1%でも高く買ってもらえるような心がけが大切です。

その具体的な方法については、次章の「安売りしないための準備」で詳しくご紹介したいと思います。

▼その4「売価ゾーンから外れて売る場合は〝赤字を見える化〟しておく」

売価ゾーンから外れて売る場合とは、特別価格で売るということです。とくに赤字でも販売しなければいけない場合は、「この製品は赤字で売っているのだ！」と、誰が見てもわかるようにしておくことが重要です。

「そもそも赤字なら売らなければ良い」という考え方もありますが、製造業に代表される固定費比率の大きい会社では、そういうわけにもいきません。

固定費とは、売上の有無に関係なくかかってくる費用です。製造業でいえば、工場の建物代や機械設備代などの減価償却費、間接費などがそれに該当します。

このような費用は工場の稼働率にかかわらず、毎月だいたい一定の費用が発生しています。それをまかなうために、やむを得ず赤字販売するケースがあります。

その他にも、将来の仕事につなげるための撒き餌だと考え、赤字販売に踏み切ることもあれば、その仕事をこなすことで会社に新しい技術が蓄積されることを期待して赤字販売することもあります。

繰り返しになりますが、このときに大切なことが、「どれだけ赤字で売っているのか」を明確にしておくことです。「赤字を隠す」ことは厳禁です。

図表３－１は、お客様から引き合いをもらって、見積り書を作成している段階です。

引き合いに対して自社で原価計算したところ、全社原価は２００円／個となりました。

そのため、１個あたり50円の全社利益を確保したいと考え、売価を２５０円／個で設定しました。すると、お客様から「高すぎる！　市場価格は１５０円／個だよ！　売価は１５０円／個でないと注文を出せないよ！」と言われてしまいま

図表3-1▶「原価をいじる」のはNG!

	全社原価		全社利益		値決め
見積り	200円	+	50円	➡	250円

お客様の声：「高すぎる！市場価格は150円だよ」

↓ 検討

	全社原価		全社利益		値決め
ダメな例	140円	+	10円	➡	150円

できもしない原価にいじる

社長：「10円儲かるんだ！」→経営判断ミスへ

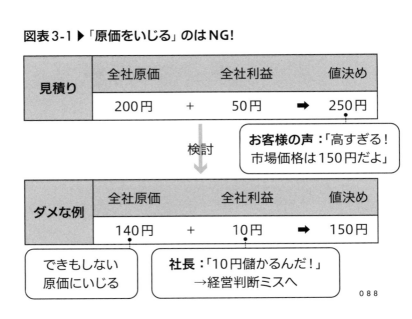

した。

このような場合には、「いったん社内に持ち帰り、検討させていただきます」と次の段階に進んでいくことが多いと思いますが、ここで陥りやすいのが「原価をいじる」というNG行為です。

お客様の言う150円／個でまともに売価設定してしまうと、赤字になってしまいます。営業担当者にしてみれば、赤字で受注するということは非常にストレスです。周囲から「どうしてそんなに安い値段でとってくるんだ！」と責められるかもしれません。そうかといって売上不足では工場が暇になりますし、何より個人の人事評価にも影響してきます。

そこでお客様の言う150円／個でも利益を残すには、どうしたら良いかと考え始めます。

そして「あ！　原価計算書を見るとロス率が10％って書いてある！　こんなに出るわけないでしょ！　工場は余裕をみすぎだよ。ロス率は3％に減らしておこう！」とか、「この作業に5人も必要ないでしょ。3人でやらないとターゲット価格に合わないよ。3人で原価計算しちゃえ。ほらね。こうすれば原価は140円／個だ！」と、実際はできもしない原価計算をし始めてしまうのです。

すると、パッと見「全社原価が１４０円／個、全社利益が10円／個、売価が１５０円／個」の〝さも儲かるかのような〟原価計算書と見積書ができ上がります。

それを見た社長は「かなり厳しい案件だと思っていたけど、利益が出るのか。よし！やろうやろう！」と受注判断を誤ってしまうのです。

しかし実際は、「全社原価２００円／個、全社利益▲50円／個、売価１５０円／個」なのです。

自社の実力で考えれば、どうしたって全社原価２００円／個はかかるのに、あたかも儲かるかのように見せかけてしまったのです。

これに気付かず受注してしまえば、もう手遅れです。

社長は「よし！儲かるぞ！」と意気込んでいたのに、決算書は全然良くなっていかず、「おかしいなぁ。どうして利益が増えていかないのだろう」と困惑してしまうのです。

大事なことは、**図表３－２**のように「赤字を見える化しておくこと」です。

赤字を見える化しておけば、社長の経営判断ミスを防ぐことができます。

現在の問題点を可視化することにもつながり、その後の原価低減テーマとして明確にすることができます。

そして目標原価を設定し、原価低減のロードマップを描いていくのです。

原価低減のロードマップとは、コストダウンの実行計画です。

「半年後には赤字額を半分にしよう」、「1年後はなんとかトントンにもっていこう」といった目標（テーマ）を定め、「そのためには〇〇の設備投資が要るよね」、「▲▲の合理化が必要だよね」、「お客様には材料□□の変更提案してみようか」、「じゃあ、いつまでに誰がどうしよう」という具合に、目標達成するにはどうすれば良いかを描いていきます。

同じ赤字受注でも、この最後の詰めがあるのとないのとでは大違いです。

図表3-2 ▶「赤字を見える化」することが大切

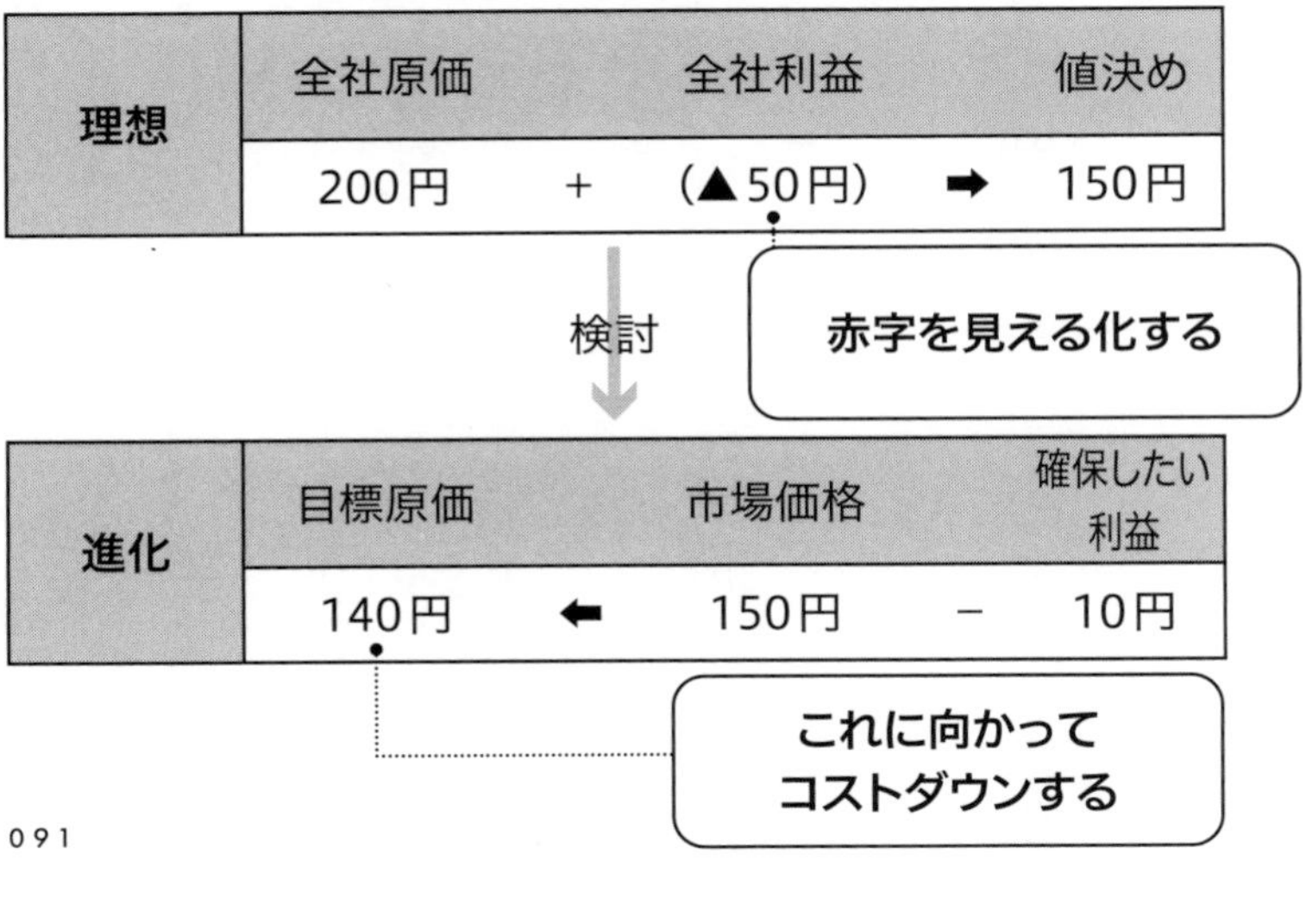

▼その5「売価ゾーンから外れて売る場合は、〝特別価格ルール〟を回す」

売価ゾーンから外れた価格とはすなわち、会社にとっての「特別価格」を意味します。「特別」なわけですから、なぜ特別対応したのか記録し、いつまでその特別対応を続けるのか定期的にモニタリングしていくことがポイントです。

実際に利益一覧表をつくって、稼ぎの悪い順に並べてみると、何年も前に特別価格で受注した製品がワースト上位にランクインしていることが多々あります。

それが現在も営業戦略上、機能していれば問題ありませんが、ほとんどは惰性で取引を続け、特別価格がいつまでも横行してしまっています。

この実態を把握することができれば、あとは経営判断です。

そういった部分にこれからも資金を投じていくのか、４つの戦略を見直し、値上げや撤退を仕掛けていくのかは社長の意思です。

「特別価格ルール」の回し方

それでは、どのように「特別価格ルール」を回していけば良いのかみていきましょう。

〈特別価格ルールの運用方法〉

手順1……「特別価格申請書」を書く
手順2……レッドバインダーに綴じる
手順3……収益改善会議でフォローアップ

特別価格ルールの運用はとても簡単です。特別なコンピュータシステムは不要。紙とそれを綴じるバインダーさえあれば、いますぐ始めることができます。

▼手順1……「特別価格申請書」を書く

営業活動のなかで、「この案件はどうしても特別価格で受注する必要がある」と判断した場合には「特別価格申請書」を書いて記録を残していきます。
次ページ**図表3－3**は「特別価格申請書」のひな形です。

特別価格申請書には、次の事項をしっかりと記載します。ここで手を抜くと、いつまで経っても特別価格商品が減っていきません。魂を込めて書くようにしてください。

図表3-3▶「特別価格申請書」のひな形

申請：○○年○月○日

特別価格申請書

申請者	
承認	作成

下記得意先向けの製品について、特別価格を適用する事を申請いたします。

得意先名		品名	
品番		図番	
販売見込み数	個／年	販売期間	○○年○月～○○年○月
お客様での使われ方			
特別価格	円／個	全社原価	円／個
全社利益	円／個	年間全社利益額	円／年
申請理由			
今後の取り組み			

＜決裁者のコメント＞

年　月　日

承認	確認

〈特別価格申請書に書く項目〉

- ・基本項目……申請日、申請者名、得意先名、品名、品番、図番
- ・販売情報……販売見込み数、販売期間、お客様での使われ方
- ・利益情報……特別価格、全社原価、全社利益、年間全社利益額
- ・申請理由
- ・今後の取り組み
- ・決裁者のコメント

「基本項目」については、きわめて当たり前のことですが、まず申請日と申請者名はしっかり書きましょう。

いつ、誰が書いたのかわかるようにしておくことは、文書作成の基本中の基本です。それが書いていないと後で見返した際に、「何年前のことだかわからない」や「誰が提案したことかわからない」といったムダな話に時間を割くことになってしまいます。

値上げ活動においても、過去の取引記録をさかのぼって交渉することがほとんどです。口を酸っぱくして徹底教育していってほしいと思います。

そして、得意先名や品名、品番、図番など、どのお客様の何の商品に関することかを

明確に記録します。

次に「販売情報」です。

年間でどれほどの販売見込み数があるのか。販売期間は何年間くらいか。このような情報を記録しておきます。これがある程度わかっていないと、会社として総額どれだけ資金を投じて（赤字を覚悟して）、特別価格を提示していくことになるのか計算することができません。

先々の販売見込み数や販売期間について情報を得るには、まずお客様の購買担当者に聞くことです。意外と「お客様に聞いていなかっただけで、聞いたら教えてくれた」という現場に出くわします。

購買担当者に聞いてもわからなければ、その上司です。その会社の経営陣に聞きにいくことがあっても良いと思います。

身銭を削って特別価格で売る以上は、その仕事がお客様のどのようなマーケティング戦略や開発計画、販売計画に基づくものなのかを、よく確認しておく必要があるでしょう。

もちろん、計画や予測は外れることだってあります。しかしそれは先行き不透明な現代では当たり前のことです。見込みが外れたら、速やかに軌道修正するしかありません。

「申請理由」としては、なぜ特別価格で受注に動くのか、その理由を明記します。あとで誰が読んでも理解できるように、なるべく丁寧に書いておきます。

〈申請理由の例〉

・今回の引き合いである製品Xを特別価格で受注することで、お客様が来期に企画している製品Yの受注を確実にするため。
・来年の工場稼働率80％以上を維持するため。
・□□年□月以降は、通常価格の■■円／個に値上げしてもらうことで合意済みであるため。

「今後の取り組み」は最も重要な箇所です。

特別価格を提示する理由の多くは撒き餌です。将来、海老で鯛を釣るための海老にあたります。

したがって最終的に鯛が釣れたのか、あるいは今後も釣れる見込みはあるのか、定期的に確認していく必要があります。

たとえば申請理由に「お客様が来期企画している製品Yの受注を確実にするため」と

したならば、それから1年後には「本当に製品Yは受注できたのか？」と確認しなければいけませんよね。

無事に製品Yを、利益をたっぷりと乗せて黒字受注できていればＯＫですが、案件自体が消滅していたり、延期になったりしているようなら、今後の戦略を見直さなければいけません。

引き続き海老を撒き続けるのか、あるいは撤退や値上げの方向に向かうのか、特別価格商品が放置されないようにフォローアップしていきます。

最後に「決裁者のコメント」をもって承認、正式な見積り金額の提示となります。

▼手順2……レッドバインダーに綴じる

手順1で書いた特別価格申請書が承認されたら、手順2では赤色のバインダーに綴じて保管していきます。赤色である理由は、特別価格（赤字製品）であることを意識づけるためです。

文房具店で売っているものでかまいません。専用のもの1冊を用意し、背表紙に「特別価格申請書」と大きく書いておきましょう。

書類を綴じる際は、次の3点セットをホチキス留めしておくと便利です。

①特別価格申請書
②その製品の原価計算書
③お客様に提出する見積書

この3点セットをまとめておけば、特別価格を申請した当時をサッと振り返るのに役立ちます。

仕上げに「○○年○月見直し予定」と書いたインデックスシールを貼って完成です。

アナログな方法ですが、いまから文房具店に走りさえすれば、すぐに始められます。

もちろん最終的にはデジタル管理が理想です。デジタルのほうが検索性に優れ、書類やデータ同士に関連性を持たせやすいからです。可能な会社はどんどんデジタルで進めていくのが良いです。

ただ中小企業にとってのデジタル化は、まだまだ発展途上です。

そのためにあれこれ考える必要があり、社内の足どりが重いようなら、さっさと紙ベースで始めてしまったほうが低コストで実践的です。デジタル化の目的も生産性向上による収益改善がゴールなのですから。

▼手順3……収益改善会議でフォローアップ

こうやって蓄積した「特別価格申請書」は、定期的に収益改善会議を開催し、その場で見直し、４つの戦略検討に活用していきます。

たとえば、現在が２０２３年９月なら、レッドバインダーの「２０２３年９月見直し予定」とインデックスシールが貼られているページをめくります。

そこに記録されている製品1点1点に対して、「このまま続けるのか」あるいは「撤退するのか」、「値上げを申し入れるのか」、このような戦略を練って、特別価格がいつまでも放置されないようにしていきます。

こういった特別価格商品をモニタリングしていく仕組みをつくっておけば、「エサだけがずっと食べられていた」という状態に陥ることを防ぐことができます。

ぜひ皆さんの会社でも、この方法を試してみてほしいと思います。

SECTION
3-2
値決めに心血を注ぐ

値決めは経営そのもの

このセクションのタイトルになっている「値決めに心血を注ぐ」というのは、京セラを創業した稲盛和夫氏の言葉です。

「経営の神様」と呼ばれた稲盛氏は、著書『京セラフィロソフィ』(サンマーク出版)のなかで、「値決めは経営そのものであり、心血を注がねばならない。」とおっしゃっています。私はこの次の一節を目にしたとき、まさしくその通りだ！ と心が震えました。

……

営業がもし一割五分も安い値段で注文を取ってくると、その瞬間から製造

……

は一割五分のコストダウンを図らなければならない。短期間に一割五分のコストダウンをすることは、どんな業種であれ容易ではありません。ところが営業は「いや、その値段でなければ注文がもらえないのです」と、簡単に言ってのける。

「一割五分引きと言うが、そんな簡単なことではない」と私が言うと、「社長がそう言われるのなら、一割で出しましょう。でも、それで注文が取れなくても知りませんよ」と脅してくる。もちろん、それで仕事がなくなってしまってはこちらも困ります。そこで私は、営業に対して次のような話をしました。

製造の人間だけがたいへんな苦労を強いられるというのでは、どうも割が合わない。値段が安ければ、注文はいくらでも取れる。だが、それで注文を取ってきても、営業としては決して褒められるものではない。営業であっても知恵を絞り、技術を駆使しなければならないはずだ。それは、「この値段なら結構です」とお客様が喜んで買ってくれる値段、しかもその一番高いところを見抜く知恵、技術なのだ。

君が言うように、一割五分安くすればお客様は買ってくれるかもしれない。

しかしその値段以上では、本当に買わないのだろうか。お客様は君にふっかけたのであって、実際は一割引きでも買ってくれるのかもしれない。いや、もっと高くても買うかもしれない。

つまり、お客様が買おうと思っている値段より少しでも安ければ喜んで買ってくれるはずだ。値段が安ければ安いほど注文はもらえるだろうが、それでは意味がない。かといって、それ以上の値段では、同業者に注文を取られてしまうから、それも困る。だから、これ以下ならいくらでも注文が取れる、これ以上なら注文が逃げてしまう、その一点を射止めなければならない。

その一点を見抜くためには、心血を注いでお客様と値段の交渉を行わなければならないのだ。お客様の言われることは、駆け引きなのか事実なのか。それはまさに真剣勝負なのであって、君みたいに、相手の言葉を鵜呑みにして泡を食って帰ってきて、「その値段でなければ売れません」などと言っているようではどうにもならないではないか。

——稲盛和夫著『京セラフィロソフィ』（サンマーク出版）P448~450より引用

とくに「心血を注いでお客様と値段の交渉を行わなければならない」という部分は、

これから価格転嫁に邁進していく我々にとって、極めて重要な心構えだと思います。

利益は役に立ったことへの報酬

企業の存在意義は、価値ある製品やサービスを世の中に送り出し、顧客や地域社会の役に立ち、世の中をもっと豊かにしていくことです。利益はその報酬です。

たまに「ウチの製品は大したことない」と自信をなくしている方がおられますが、お客様から注文をいただけているということは、何らかの形で世の中に貢献しているはずです。もっと胸を張って誇るべきです。

ところが中小企業では、この自己肯定感が低いように思います。

お客様から長年にわたって「コストが高い」、「納期が長い」、「もっと品質を良くしろ」と言われ続け、すっかり自信をなくしてしまっているようにも感じます。

そのせいか、自社製品やサービス、技術のことを卑下してしまい、高く売ることに、強い抵抗を感じるようになっているのではないでしょうか。

価格交渉のテクニックも大切ですが、我々がより心血を注がなければならないのは、見積書に金額を書くよりももっと前段階の「安売りしないための準備」です。

CHAPTER 4

安売りしないための準備

SECTION 4-1

準備その❶
顧客・市場(マーケット)の分散

前章で「値決めの基本姿勢」として「売価ゾーンのなかでもできる限り安売りはしない」ことが大切だと述べました。

この章では「安売りしないための準備」を、どのように進めていったら良いかをご紹介します。

(1)顧客の1社依存率を下げる

特定顧客の売上比率が高すぎると、「そのお客様の言うことを聞かなければ、仕事がなくなってしまうかも」とどうしても怖くなってしまいます。そうなると思い切った価格改定に踏み切ることができません。

理想の姿は「そのお客様の仕事がなくなっても経営的に痛くない」という状態にして

おくことです。

ただ、いますぐそのような状態にもっていくことはむずかしいと思いますので、中長期的な視点で考えていきます。

日ごろから利益一覧表を吟味し、営業戦略や製品戦略を練っておくことが大切です。

「3年後にはA社の売上占有率は20%以下にもっていきたいな」とおぼろげにイメージして営業活動をしてもらうだけでも違ってくると思います。

ぜひ、自社の利益一覧表をじっくりと眺めてみてください。

(2)市場（マーケット）についても分散しておく

ここでも中長期的な視点で考えていきます。

特定マーケットの動向による影響を少なくするため、複数のマーケットで商品展開する製品戦略を練っていきます。

SECTION
4-2
準備その❷
価格交渉カードを準備する

次は価格交渉カードの準備です。

竹やり一本で戦いに挑んでも、価格交渉に勝つことはできません。しっかりと武装し、安売り防止や値上げ交渉に活用していきましょう。

まずは「裏の売価」について知ろう！

交渉カードをつくりたいと思ったら、まず「裏の売価」について、詳しく知る必要があります。

裏の売価とは、**図表4－1**に示した原価計算や値決めの際の条件、つまり「見積り条件」です。この条件が変わると原価は高くなったり、安くなったりします。したがって売価も変わってきます。

これらは実際の取引が始まる前段階で、見積書に明記しておかねばなりません。

商売が始まる前に、裏の売価を明確にして見積もっておかないと、お客様の〝後出しジャンケン〟に対応できなくなってしまいます。

お客様はワガママな神様です。

注文書をいただいた後になって「キズ防止のために表面処理加工を追加してほしい」とか「納品先は東京ではなく北海道にしてほしい」といった後出しジャンケンをされます。

基本的にはお客様が希望されることですから、できる限り対応し、顧客満足度

図表4-1 ▶ 裏の売価とは「見積り条件」のこと

(1) 仕様（スペック）	(2) サービス
・本体仕様 ・設計変更 ・梱包仕様	・有償・無償の範囲 ・追加料金化 ・コストがかかっている事実の説明
(3) 数量	**(4) 時間**
・最少販売数量 ・生産ロットサイズ	・標準リードタイム ・短納期は高く売る
(5) 値引き（入金）	**(6) 現物**
・値引きルール ・請求漏れ ・検収差異	・預かり在庫 ・顧客支給品 ・サンプル代、試作代

の向上に努めていくべきだと思います。

しかしその一方で、何の対策もなく、ただお客様のワガママを聞くだけでは、仕事を受注できたは良いけれども、肝心の商売で儲からなくなる「請け負け」につながってしまいます。

ちなみに〝表〟の売価とは、見積書に書いてある金額自体のことをいいます。

ついつい〝表〟である見積り金額や単価に注目してしまいますが、価格交渉においては〝裏〟のほうが大事。

請け負い型ビジネスを行なっている企業にとっては、とくに重要な視点です。

裏の売価は、大別すると6種類。

1　仕様（スペック）
2　サービス
3　数量
4　時間
5　値引き（入金）

6　現物

これらの中身が変わることで、原価は高くなったり、安くなったりします。すなわちお客様の要望によって、裏の売価が変更となった場合は、原価計算をし直し、改めて値決めをし直し、お客様に見積書を出し直さなければならないのです。

「え！　大変！　面倒くさい！」と感じるかもしれませんが、ここで手を抜かないことが後の値上げを成功させるポイントです。値決めに心血を注いでください。

お客様が希望したことですから、「お客様のご要望をすべてかなえますと、かくかくしかじかの理由で、販売価格はしめて○○万円になります」とお伝えすることは、ごくごく普通のことです。

一部で「同じ値段で対応しろ！」と言うお客様がいたり、それが当たり前の業界があったりもしますが、近年は日本政府が下請けイジメをなくそう！　という方針を打ち出しているおかげで、お客様との会話はしやすくなってきています。

「どうせ言っても無駄だ」とあきらめるのではなく、「裏の売価の変更は、値上げのチャンスだ！」と前向きに捉え、正々堂々とお客様に価格転嫁を申し入れていく姿勢を大切にしてほしいと思います。

それでは「裏の売価」の中身について、それぞれ解説していきたいと思います。

1　仕様（スペック）

仕様（スペック）とは、お客様にどのような製品を納品するのか、その形状、構造、寸法、成分、精度、性能などを定めたものをいいます。請け負い型ビジネスをされている企業の場合でいえば、お客様からいただいた図面や仕様書に記載されている内容になってきます。

▼本体仕様を明確にする

まず重要なことは、本体仕様を明確にすることです。

普通のラーメンとチャーシューメンの原価や価格が違うように、仕様が変わると原価や価格は変動します。

お客様から見積り依頼があった段階で、お客様の要望をしっかりと確認しておくことが大事です。

よく営業マンが「納期まで時間がないから」という理由で、お客様の要望をあいまいにしたまま仕事を請けてしまい、後で非常に苦労している会社をお見かけします。そういった会社ではしょっちゅう納品後にお客様から「違うよ！　ほしいのはそれじゃない！」とクレームを受けています。

そのため製造現場がバタバタと再生産対応をしたり、選別や検査を行なったりして、本来不要なコストを費やしてしまっているのです。このような会社では現場が非常に荒れてしまっているので、現場改善やムダ取りどころではありません。

本来はもっと前工程の部分、すなわち営業部門や技術・設計部門にリソースを投入し、しっかりとお客様の要望は何なのかを明確にさせなければいけません。

そのほうが結果的にトラブルが減り、原価低減や納期遵守、品質の安定にもつながっていきます。

▼お客様はあいまいな表現しかしない

お客様と仕様を詰めていくと「もっと小さいものがほしい」とか「しょっぱいものが良い」のように、あいまいな表現をされることがあります。

そのような場合には、数値化が大切です。

「それでは寸法は１００ミリ±０・５ミリでおつくりしてもよろしいですか？」とか

「塩分濃度は3％でおつくりしてよろしいですか？」と言い換え、お客様の承認を得て進めていくことがポイントです。

そして必ず、図面や仕様書などの正式書面に証拠として残します。

これはもちろん、後になって「言った言わない」のトラブルになるのを避けるためです。

個人のメモ帳にしか書いていないとか、記憶に頼ることはNGです。担当者同士の〝あうんの呼吸〟などは、もってのほかです。

後で誰が見ても理解できるように、正式な書面で取り交わしをしてください。

▼仕様の確定がむずかしい場合

発注段階で本体仕様が確定しない場合は、その旨を見積書に明記しておきます。

「この価格は本体仕様が〇〇と仮定した場合です。仕様確定後に再度お見積りをさせていただきます」

この一文を記載しておけば、正々堂々と価格交渉を行なう大義名分が得られます。

お客様には、初回見積りを提出する際に丁寧に説明し、布石を打っておきましょう。

▼設計変更を売価に反映させる

仕事が進んでいく途中でお客様の要望が変わり、設計変更が必要になることもあります。設計変更の内容は、原材料そのものが変わったり、寸法が変わったり、ネジ穴の数が変わったりとさまざまです。

そういった場合も、しっかりと売価に反映させていきましょう。

「ネジ穴を1個増やすくらい簡単だ。原価はたった1%しか上がらないから、売価に反映させるほどではない」と考えがちですが、1%を軽視してはいけません。

第1章でご紹介した「利益の方程式」を思い出してほしいと思います。たった1%で利益が2倍、3倍になるのです。

また、製造現場が1%のコストダウンを達成することは容易ではありません。

製造コストの削減は、ムダ取り、不良の削減、作業者教育などの現場改善をコツコツと継続して、やっと達成できるのが通常です。

しかも日々の品質管理や納期管理に追われながら、現場が汗水を流して取り組んでいるのです。これを軽んじてはいけません。

せっかく設計変更依頼という「お客様に価格変更を申し入れるきっかけ」をもらえたのですから、適正利益をきちんと上乗せしていくのが本来の姿ではないでしょうか。

〈成功事例：設計変更による追加費用を請求〉

当社の顧問先U社では、設計変更費用をきちんと請求する仕組みを整えたことで、年間4000万円ほどの設計変更費用の未回収が改善されました。

機械設備を製作している中小企業で、カスタム対応が同社のセールスポイントです。したがって商品はほとんどが1点ものになります。

この企業では、設計変更対応に多くの労力がかかっていました。

お客様から設計変更依頼があった際には、社内で変更内容を精査し、技術的に対応が可能かを見極めます。その後、数十〜数百ページにわたる図面や仕様書を改訂し、原材料や部品のキャンセル、再手配などを行ないます。

こういった「お客様の要望による設計変更対応」を製販一体となって、原価計算書のなかに見える化していきました。そしてタイムリーな価格転嫁ができるように仕組み化していったのです。

その甲斐あって、現在では設計変更による費用の未回収はほとんどなくなりました。

仕組みづくりには約1年半の年月がかかりましたが、結果として大きな費用対効果につながり、同社の社長も大変喜んでおられました。

▼梱包仕様もスペックの内と考える

原価とは、製品をお客様に納品するまでにかかるすべての費用です。したがって、梱包資材代も原価の一部となります。

納品時の梱包仕様によって原価は変わってくるので、それに応じた売価設定をしていくのが本来の姿です。

お客様によっては「指定寸法の段ボール箱に入れてほしい」と言ったり、「キズ防止のために個別包装をしてほしい」と希望されます。

このような特別対応を通常と同じように扱っていては、利益が減ってしまいます。

「通常の梱包仕様であれば売価は100円なのですが、今回のお客様のご要望を踏まえますと、特注の段ボール代と個別包装のための追加作業が必要になってしまいます。つきましては、売価は150円にてお願いしたいのですが」

日ごろからこういったアプローチを重ね、お客様のワガママに対する防波堤を築いていくことが、安売りの防止へとつながっていきます。

2 サービス

▼有償・無償の範囲を明確にしておく

とくに納品後にメンテナンスサービスを実施している会社で気を付けてほしいポイントです。

結論を言うと「納品後、◯か月間は無償でメンテナンスサービスを実施いたします。それ以降につきましては有償対応となりますので、ご了承ください」という主旨の文言をあらかじめ見積書に明記しておきます。

次のように保証期間を記載しても良いです。

「製品の特性上、経年劣化による錆が発生することがございます。保証期間は納品後1年以内となります」

有償対応と無償対応の範囲をあらかじめ明言しておくことで、「なんでもかんでも無償でお願い！」といったお客様の無茶ぶりを抑制していくことにつなげます。

▼追加料金をもらう仕組みをつくる

見積り条件から外れた依頼を受けたときのために、追加料金をもらう仕組みを整えておきましょう。目指すべき姿はその都度、タイムリーに原価計算し追加料金として売価設定していくことです。

しかしながら会社の状況によっては「現時点では、そこまで完璧にするのはむずかしい！」という現実もあります。

そのような場合には、簡易的に追加費用の原価計算をして、運用の流れができた段階で徐々に精度アップをしていけば良いです。

たとえば「一般的なメンテナンスにかかる原価は大体1回1万円だよね。じゃあ有償メンテナンス代として1回につき3万円請求するルールにしよう！」といった具合です。

会社の実態に沿って、落としどころを考えていくことが肝心です。

目的は、価格転嫁や費用回収につなげ、収益改善していくことにあります。

丁寧に原価計算することも重要ですが、それが目的になってしまっては本末転倒です。どこまで精度の高いものにするかは、各社で費用対効果をよく考えながら進めていってほしいと思います。

▼コストがかかっている事実をお客様に理解させる

商売上、どれだけ見積り条件として明記していても、「お客様に負担してもらうのが本来だが、やむを得ず自社負担する」というケースが少なからず存在します。

そのような場合には、少なくとも「コストがかかっている事実をお客様に理解してもらう」ことが大切です。

お客様は、皆さんが日ごろ従事している仕事のスペシャリストではありません。そのため、皆さんの仕事がどんなに大変で、どれほどの費用や労力がかかっているのかを知りません。それを上手に伝えておくことは、後の価格転嫁を進めるうえでの交渉カードとなっていきます。

具体的には、次のように伝えていきます。

「先日の特別対応によって、追加費用が50万円ほどかかってしまいました。本来であればご請求させていただきたいのですが、御社との今後のお付き合いもありますので、今回は当社で全額負担することにします（→だから次回の値上げは認めてくださいねというニュアンスを込める）」と、お客様に一種の貸しをつくっておくのです。

なるべく具体的な金額を見せ、「〇〇すると、△△円ぐらいの費用がかかるのだ」と理解してもらい、お客様教育を施していきます。

口頭説明した場合は、メールなどのお互いの記録に残る方法で、しっかりと証拠を残しておいてくださいね。

3　数量

▼最少販売数量を決める

数量条件が変わると原価も変わります。

「通常は1箱10個入りで販売」というように、各社で販売しやすい単位や数量で出荷を行なったりしています。

ところがお客様は時折「急ぎで1個だけ送ってほしい！」と要望されることがあります。

たまにならサービスしても良いかもしれませんが、それに味を占められ、何度も要求されては困ります。

数量条件が変わると、製品1個あたりの原価は次ページ図表4－2のように割高になり、利益は減少してしまいます。

運送会社やチャーター便を使って輸送を行なっている会社では、次ページ図表4－3のように積載数量などがポイントになってきます。

お客様の求めるＱＣＤ（品質、コスト、納期）を満たしていくことは大切なことですが、

図表4-2 ▶ 1箱に何個入れるかで原価は変わる

1箱10個入りの場合		
①　1箱あたりの入り数	10	個
②　1箱あたりの梱包費	100	円
③＝②÷①　製品1個あたりの梱包費	10	円

1箱1個入りの場合		
①　1箱あたりの入り数	1	個
②　1箱あたりの梱包費	100	円
③＝②÷①　製品1個あたりの梱包費	100	円

図表4-3 ▶ トラックに何パレット積むかで原価は変わる

トラック1台に6パレット乗せた場合		
①　積載数	6	パレット
②　トラック1台あたりのチャーター費	30,000	円
③＝②÷①　1パレットあたりの運送費	5,000	円

トラック1台に1パレットしか乗せなかった場合		
①　積載数	1	パレット
②　トラック1台あたりのチャーター費	30,000	円
③＝②÷①　1パレットあたりの運送費	30,000	円

特別対応によってどれだけ自社の利益を削ったのかは、自分たちでしっかりと認識しておかねばなりません。最少販売数量を設け、無防備な状態にしないようにしていきましょう。

▼生産ロットサイズを決める

生産ロットサイズとは、ものづくりをする際の単位のことをいいます。

ロットとは一塊（ひとかたまり）という意味で、サイズとは大きさのことです。

つまり、生産ロットサイズとは「生産時のかたまりの大きさ」という意味になります。

具体的には「1回の生産で1000個つくる」や「1回の生産量は500キログラムだ」といったものを生産ロットサイズといいます。

生産ロットサイズが変わると、原価が変わります。

「小ロットで儲からない！」と多くの会社が嘆いている理由がここにあります。

小ロット生産を行なっている会社では、段取り替えを頻繁に行なっています。

段取り替えとは、金型の昇降作業や試し打ち、試し刷りなどの調子出し作業のことです。生産する品種が多くなればなるほど、段取り替えの回数は多くなっていきます。

中小企業では、1日の大半を段取り替えに充てている会社も多く、何時間もかけて段取り替えができたかと思えば、ものの数十分で生産計画数に達してしまう現場も少なくありません。

しかし、一般的に段取り替えにかかる労力は、生産ロットサイズが10個であっても1万個であっても大差ない場合がほとんどです。

図表４－４を見るとわかるように、生産ロットサイズの大小によって、製品１個あたりの原価が変動するのです。

つまり、小ロット品は高く売価設定するのが道理なのです。

お客様はこの事実を知ってか知らずか、「ごめん！　急ぎで10個だけ追加で頂戴！」と平気で言ってこられます。このようなご要望に対して、いつまでも無防

図表 4-4 ▶ 生産ロットがどれだけかで原価は変わる

生産ロットサイズが10,000個の場合		
①　生産ロットサイズ	10,000	個
②　１回あたりの段取り替え費用	10,000	円
③＝②÷① 製品１個あたりの段取り替え費用	1	円

生産ロットサイズが10個の場合		
①　生産ロットサイズ	10	個
②　１回あたりの段取り替え費用	10,000	円
③＝②÷① 製品１個あたりの段取り替え費用	1,000	円

備に請け続けていては儲かりません。

お客様には、図表4－4のような事例をもって丁寧に説明し、小ロット化によって収益が圧迫されている事実を認識してもらわねばなりません。

このようなアプローチを重ね、価格交渉カードとして活用していきます。

「どうせ数量なんて変わるから、やっても意味がない」

「数量が減っても、うちの業界では売価（単価）据え置きが常識だ」

たしかにそういった事情もあるかもしれませんが、数量条件が変わったことを伝えられるのは当事者である皆さんしかいません。

お客様から「数量が減ったから、値上げした見積書を出してね」と言ってもらえることは、限りなくゼロに近いのではないでしょうか。

受身の姿勢でいても値段は上がっていきませんので、上手に価格交渉の材料としていってほしいと思います。

4 時間

▼短納期は高く売る

「時は金なり」という言葉があるように、時間に関する条件も売価設定時におけるポイントになってきます。

基本的な考え方として、「短納期は高く売っていくこと」が大切です。

通常、短納期対応をするためには、生産計画の見直しを行なったり、特急で材料調達や生産をしたり、特別な出荷対応が必要です。

お客様は簡単に「急ぎでお願いします」と言われますが、現場は大混乱。

社内外を問わず必要な連絡回数は倍増し、さまざまな伝票発行処理も必要になってきます。時には残業や夜勤、休日出勤も伴います。

したがって短納期で対応した場合の原価は、必然的に高くなります。

通常納期のものと、そうでないものを区別して、値決めしていくことはごく自然なことではないでしょうか。

もちろん短納期対応が、世の中で当たり前になっていることは事実です。

市場の不透明感が増しているので、お客様としてはなるべく少ない数量かつ短い納期で発注し、不良在庫化するリスクを最小限に抑えたいからです。

別次元の話として、社内で納期を縮めていく活動は必要です。

▼標準リードタイムを設定する

それでは時間に関する値決め条件について、どのように見積書にうたい、請け負け防止を図っていくと良いのでしょうか。

それが「標準リードタイムを設定する」ということになります。

リードタイムとは、注文書をいただいてから納品するまでに必要な期間をいいます。

それを見積書に記載し、お客様に事前説明をしておくのです。

生産現場が目の前にない人にとっては「そんなに時間がかかるの？　もっと早くできるでしょ？」と安易に思ってしまうのですが、実際は違います。

工場が注文を受けたら、まずシステムへの受注入力が必要です。その後に生産計画が立てられます。そして在庫引き当てがなされ、材料手配がかかります。材料を入手するにも調達期間が必要です。材料入荷後には受入検査が必要です。ここまで問題なく進んでやっと、製造現場に材料が払い出されます。

製造現場で生産ラインの段取り作業が完了し、ようやく生産本番。そして検査、梱包、出荷、運送とつながっていきます。

これだけの仕事をこなして、やっと品物を納品できるのです。

これを無理矢理「もっと早くやれ！　短納期でやれ！」とムチを打ってしまうと、

ルーティンで仕事を回すことができなくなります。

工場のなかが特別対応だらけになり、次第に社員が疲弊。現場が荒れていきます。最終的には品質問題へと発展し、コストは高くなり、納期も守れなくなります。

工場は、コンビニではないのです。

標準リードタイムを設定し「かくかくしかじかで、通常○○日間の期間が必要なのです」と営業していくことが大切です。

〈成功事例：極端な短納期依頼は2倍で価格設定〉

顧問先N社では、極端な短納期依頼を高く売ることに成功しています。

同社では、お客様から最終図面のデータをいただいてから、通常2週間の生産日数が必要でした。もっと早く生産できないことはないのですが、それをやりすぎてしまうと現場がガタガタになっていってしまいます。

そこで経営方針として、標準リードタイムは2週間と設定し、それより短納期の場合は通常料金の2倍で値決めする方針を打ち出しました。

ベテラン営業社員からは「社長、それはちょっとやりすぎではないでしょうか。もう少し値上げ幅を抑えたほうが良いのでは……」との声もありました。しかし、お客様の反応は「高くなっても構わないから、納期優先でやってほしい」とのこと。

裏の売価を見直したことで、これまで安売りしすぎていたことに気付くことができました。

〈成功事例：土日・祝日・夜間は割増料金〉

顧問先C社の物流部門では、お客様の拠点に品物を引き取りに行く収集運搬を行なっています。そこでも裏の売価を見直し、高く売価設定することに成功しています。

同社では、お客様の都合によって、引き取り訪問する時間帯が土日・祝日・夜間に及んでしまうことがありました。その場合、当然のことながら、社員には残業や休日出勤をしてもらわなければいけません。

当社のＩＰＰを導入する前までは「お客様の言うことだから仕方ない」と諦めてしまっていましたが、収集運搬にかかる原価をしっかりと計算し「特別対応によって、こんなにも費用が持ち出しになっているのか！」と金額で認識。営業姿勢を改めていきました。

引き合いがあった時点で、お客様への事前説明を実施し、なるべく平日昼間の引き取りにしてもらうこと、それ以外は割増料金になることの理解を得ていきました。

離れていったお客様も一部ありますが、そのほとんどは利益一覧表でも赤字で、あまり行儀の良くないお客様でした。

ちなみにこのC社、IPPの実践を続けたことで社員の平均年収を20％アップさせることができています。

5 値引き（入金）

▼値引きルールを決める

お客様から値引き要請された場合には、どのように対応していくか、そのルールを決めておくことが大切です。

とくに注意が必要なのが「端数切り」です。

安易に「端数切り」をしないことが、利益の確保において重要です。

仮にお客様に対して、製品価格101円と提示したとします。するとお客様は大抵、「端数の1円だけど、何とかならない？　サービスしてよ」と言われます。

このとき、つい二つ返事で「はい！　いいですよ！」と言いたくなりますが、1％の重みを思い出してぐっと堪えてほしいと思います。

たった1％の売価アップと、たった1％の原価ダウンを同時に行なうことで、利益額が3倍になることがあるのです。

売価を1％下げることは、一瞬でできます。

しかし一度決まった売価を1％上昇させることは、簡単ではありません。

お客様との価格交渉が必要で、交渉期間は少なくとも数か月、場合によっては1年以上かかることだってあるでしょう。

端数とはいえ、1％はとても重たいのです。

しかしそうかといって、まったくお客様からの値下げ依頼に応じないのも、これはこれで問題です。ある程度、お客様のご機嫌も取っておかないと今後の取引継続に支障をきたすかもしれません。

そこで具体的なやり方として、次のようなアプローチがあります。

「お客様、製品価格101円のうち、この端数の1円が当社の大切な利益なのです。これがなくなってしまうとまったく利益が残らなくなってしまうので、それだけはご勘弁ください。ただ、お客様の立場もあると思いますので、当社の精一杯のご対応として100・9円にお値下げいたします」

お客様の購買担当者としては、これで値下げしてもらったという実績ができたわけなので、一応の仕事はしたことになります。
このように相手の顔を立てつつ、対応していきます。

▼請求漏れがないかチェックする

これは値上げの話に直結するわけではありませんが、実際の生産活動とはまったく別のところで大切な利益が吹き飛んでいることがあります。

請求漏れが起きやすいのは、イレギュラー業務が発生したときです。

たとえば、短納期対応をしたときにお客様が「今回はウチの責任だから、短納期対応にかかったトラックのチャーター費用は支払うよ。後日、請求書を送ってね」と言ってくれたにもかかわらず、その請求書発行を忘れてしまうような場合です。

そのようなものは、大抵、決算や年末の大掃除のときに引き出しのなかからひょっこり出てきます。何か月もあとになって、請求書をお客様に提出することになります。

メールなどで支払いを約束したエビデンスが残っていれば、支払ってくれるとは思いますが、心象は良くないでしょう。

口約束であれば、ほとんど成す術がありません。言った言わないの論争になってしまいます。

お客様での経理処理も簡単ではありません。タイムリーな話なら社内決裁はスムーズに進みますが、何か月も前の話になると「どうしていまになってそんな話になるんだ！そんな予算なんてないよ！　本当にウチが払う必要があるのか、もう一度確認しろ！」と揉めることも珍しくありません。

このような請求漏れが発生していないか、よく確認をしてみてください。

▼検収差異がないかチェックする

これも値上げとは直接関係しませんが、大事な部分です。

検収差異とは、納品したはずの数量とお客様で検収された数量が一致しないことをいいます。

たとえば、お客様に今月1万個納めたはずなのに、お客様からの検収実績では9000個になっているような状態です。その差1000個が検収差異です。

なぜ、このようなことが起きるのか？

そうした現象の多くは、正式な納品書を貼付せずに製品だけを発送した場合にみられます。

とくに急いでいるときに「納品書を印刷していると、出荷に間に合わない！」といって、運送会社の送り状だけで発送してしまうのです。

このように正式伝票と現物が同期していない状態を「商物不一致」といいます。するとお客様の元では、製品の現物はあるけれども、納品書がないので、正式に検収処理ができない状態になります。

しかしお客様の製造現場も急いでいるので、何かの拍子で「現物がきているじゃん！いますぐ投入だ！　あとで検収上げておけば問題ないよね！」と、いつの間にか製造現場に持っていかれ、現物が行方不明になっていたりするのです。

中小企業では、よくあることです。

お客様の資材管理力が高ければ、正式な納品書がない品物は受入すらしてもらえないので、このような問題は起きにくいでしょう。

しかし資材管理力が乏しければ、正式伝票の有無や検収処理の有無などおかまいなしに物だけが流れていってしまいます。

得てして、そのようなお客様は極端な短納期依頼も多いので、注意が必要です。

6　現物

▼預かり在庫はお金をいただく

預かり在庫とは、お客様から預かっている品物（客先資産）のことです。具体的には金型、製品在庫、支給材などがあります。現場ではそれらを適切に保管するための在庫管理の費用が発生しています。

▼預かり金型の場合

常に流動している製品であれば問題ありませんが、厄介なのが何年も使用していない金型です。単純に置場に困るだけでなく、お客様の持ち物なので錆びたり壊れたりするといけません。それなりの環境で保管する必要があります。

すでに売上に貢献しなくなったので、保管コストだけがかかっている状態です。

このようなことで困っている企業は、見積り段階で金型保管の期限をあらかじめ定めておくことが大切です。具体的には「最終発注日から3年間ご注文がない場合は、金型をご返却させていただきます」と見積書に記載しておきます。

さらに「保管の延長をご希望の場合は、金型1つにつき年間○○万円にてお預かりいたします」と、オプションサービスとして扱う方法もあります。

▼【裏ワザ】保管スペースの金額化

お客様にコストがかかっている事実を伝えるときには、できるだけ金額化して伝えるのが肝です。

その際は、身近な事例に置き換えてみるとイメージが湧きやすいです。

ネットで会社の近くにあるワンルームマンションの家賃相場（坪あたり）を調べてみてください。それを自社の保管スペース面積にかけることで、非常にザックリとですが保管スペース代をつかむことができます。

〈計算例〉

①家賃相場……坪あたり月5000円
②自社の保管スペース面積……3坪
③保管期間……3年間（36か月）

3年間の保管スペース代 ＝ ① × ② × ③ ＝ 54万円

裏ワザ的な方法なので過信は禁物ですが、サッと金額イメージをお客様に伝えたり、従業員にコスト意識を根付かせたりするのには、便利なやり方です。

▼預かり製品在庫の場合

預かり金型と同じくらいに多いのが、お客様からの一時的な製品在庫の保管依頼です。工場が一生懸命に生産し、製品を出荷しようとした直前になって、お客様から「ちょっとウチの倉庫がいっぱいで置場がないから、1週間くらい保管しておいて。売上は立ててもいいから」といったワガママを言われることがあります。

商売の状況によっては多少融通する場合もありますが、度がすぎるようなら、しっかりと保管費用がかかっている事実をお伝えしなければいけません。

そうしないと要求がどんどんエスカレートし、保管期間が1か月に延び、3か月に延び……となっていってしまいます。

ここで問題になるのは、保管スペース代だけではありません。お客様から再出荷指示があれば、工場は製品が錆びたり腐ったりしていないかを再検査したり、出荷用の再梱包作業を行ないます。

万が一、不良品が流出してしまえば、お客様から「御社の保管方法に問題がある！」とクレームを受けてしまうからです。

すでにお客様の資産になっているにもかかわらず、無償でこのような対応をしなければならないのです。

このような現場の苦労が、営業マンのところまでリアルに伝わっていない会社が本当に多いのです。工場は「それが普通だ」と痛覚麻痺しており、営業は「それぐらい大したことない。商売には必要だ」と軽視してしまっています。

これでは収益も生産性も上がっていきません。

▼顧客支給品の不良品や欠品は請求する

ときに製造業では、お客様から材料や部品の支給を受けて、ものづくりを進めていくことがあります。しかしお客様からの支給品は、遅延や欠品、不良品のオンパレードです。

近年、材料調達が非常にタイトになりましたので、苦労している企業は多いのではないでしょうか。筆者も実務者時代に何度も泣かされました。

お客様の指定納期に照準を合わせて、他の部材や生産ラインを準備するのですが、顧客支給品だけが遅れて資材が全部揃わないのです。数日遅れてやっと入庫したかと思えば、数量が足りなかったり、不良品が混ざっていたりして、そのままでは投入できないのです。指定納期は変えてもらえず、ひどい場合には、自社で選別対応。自分たちはまったく悪くないのに、お客様の納期を守るために血を流しています。

お客様の生産管理力が弱いと、支給方法が雑になってきます。

「とりあえず外注先に送っておけば良い」という感じで仕事が流れてくるので、まともに支給品が入ってくることはありません。

筆者の顧問先でも、次のような悲鳴が上がっていました。

「支給日の連絡がなく、ある日突然、一方的に送られてくる」
「支給品リストが付いていない」
「何がいくつ入っているのかわからず、段ボールの中身はグチャグチャ」
「不良品が混ざっていて、自社の生産ラインで手直ししながら使っている」
「どの製品のために支給された部品かわからない」

利益一覧表でたっぷりと儲かっているお客様であれば別ですが、そうでなければ適切に費用請求をしたり、価格交渉カード化して製品単価の値上げにつなげていくべきです。

調達マーケットの状況に応じて強弱をつけながら、次のようにコストがかかっている事実を伝えていくことが、価格交渉において大切です。

「今回の支給品には不良品が500個あり、社員2名で丸3日間かけて選別しました」

「支給品の欠品によって、10日間の生産遅れが生じました」

「当社としては、それで15万円の損失が出てしまいました」

〈成功事例：代替品の支給による工数アップを価格転嫁！〉

顧問先M社では、お客様から電子部品の支給を受けてものづくりを行なっていました。ところが昨今の半導体不足の影響から、お客様で標準部品が調達できず、代替部品に切り替えて、生産していくことになりました。

このとき、M社では価格交渉を仕掛け、同製品の全社利益率を2％から18％まで収益改善させています。

値上げの理由は次のとおり。

「代替部品に切り替えると、標準部品では不要だった加工や検査をしなければいけなくなります。今回、納期優先で代替部品をご支給されるのであれば、これらの追加でかかる加工費についてては、値上げをさせてほしいのですが……」

裏の売価をしっかり反映し、原価計算と値決めを実施していきました。

さらにダメ押しで、「そもそも長年にわたって加工賃を据え置いているので、そろそろベースアップをお願いしたい」、「その他の部材や諸経費も上昇している」ことも、ここぞとばかりに伝えていったのです。

▼サンプル代や試作代はできるだけお金をもらう

会社の営業戦略にもよりますが、本来はお金がかかっていることを理解してもらうため、サンプル代や試作代についても可能な限り費用請求をしていきます。

試作品の製作で儲けている会社であれば、なるだけたっぷりと利益を乗せて販売してほしいと思います。

逆に試作品の製作費用は、販促費の一部だと位置づけている会社では、無償対応する場合でも「サンプル代○○円相当を無償でご提供します」と見せていくことが肝心です。

時には材料費や送料などの実費だけでも、いただくことがあっても良いと思います。

SECTION 4-3

最強ツール「泣き寝入りリスト」をつくろう！

泣き寝入りリストとは？

請け負け防止のためには、裏の売価をしっかりと設定していくことが大切です。しかし実際のビジネスの場では、正論を振りかざすだけでは通用しないこともあります。業界の商慣習やお客様との関係性によっては、「お客様の理不尽な要求」に「泣き寝入り」せざるを得ないケースもあります。

「泣き寝入り」の内容には、次のようなものが挙げられます。

〈泣き寝入り事例〉

・納品したにもかかわらず売価が決まっておらず、月末に後処理に追われる。
・請求書の書き方や出し方についての変更を頻繁に依頼され、多くの手作業が発生する。
・納品後に塗装の色調が違うとクレームを言われてやり直した。
・急に納期短縮を要求され、残業や休出が増えた。
・お客様からの出図が遅れたのに、納期は変えてもらえず現場がガタガタになった。
・一度ＯＫが出た寸法データが、あとでＮＧになってやり直すことになった。
・組立部品のスペック変更が多発し、現場が混乱した。
・お客様のスケジュールが頻繁に変わって、大変な思いをしている。
・数量確定後に、二転三転する。
・一度値引きをしたのに、納品直前で再度値引きを要求された。
・航空便を使って納品したが、追加料金を請求できなかった。
・整列梱包作業を納品直前に依頼された。それなのに料金と納期は変わらない。

このように泣く泣く自社で負担した場合は、次ペ－**図表４－５**のように別途リストアップし、いざというときの価格交渉カードとして蓄積していきます。

図表4-5 ▶ 泣き寝入りリスト

① NO.	② 月日	③ 事例	④ 損失金額（円／年）	⑤ 報告者
1	4月10日	良品であるはずの○○製品を、お客様の外注先に直送したところ、「この寸法では使えないから、すぐ代品を持ってこい」と要求された。仕方なく選別、再生産対応した。	★選別対応 8Hr／回×12回／年×3,000円／Hr =288,000円／年 ★再生産対応 製品原価100円／個×12,000個／年 =1,200,000円／年	西田
2	4月15日	補用品になってしまった▲▲製品の小ロット対応（月100個）を、10年前の量産単価（月10,000個ベース）のまま受注し続けている。	小ロット生産時の製品原価上昇 @200円／個×1,200個／年 =240,000円／年	佐藤
3				

実際に
“理不尽な仕事”
をした日を書く。

なるべく
具体的に書く。
生々しく！

多少強引にでも、
金額化させる！
金額化しないと
“痛み”が
わからない！
痛覚麻痺が最も
キケン！

この「泣き寝入りリスト」は強烈なジョーカー（切り札）になります。

「ウチの会社、多いかも……」と心当たりのある企業様はぜひつくってみてください。

▼価格交渉カードとしての使い方

具体的には、次の事例のように使っていきます。ほんの一例ですので、自社のケースで考え、うまくアレンジしていってください。

〈お客様からコストダウン要請があったシーンで〉

泣き寝入りリストに書いてある事例を引き合いに出し、コストダウン要請の減額を狙います。

切り口としては、次のようなイメージです。

「実は半年ほど前に、御社の●●様から強いご要望があり、超短納期対応を無償で実施いたしました。たいへん申し上げにくいのですが、そのとき弊社では残業や休日出勤対応をし、特別配送便の手配などで総額100万円の費用を負担しているのです。つきましては今回のコストダウン要請は、ご希望の5％ではなく、0・1％でのご協力にてご容赦ください」

〈値上げのシーンで〉

値上げの局面では、お客様から値上げ幅を抑えてほしいとお願いされることがあります。そういった場合でも、泣き寝入りリストが役立ちます。

「御社には以前から●●サービスを行なっていますが、実は御社以外のお客様からはすべて追加料金をいただいたうえでサービス提供しております。たいへん申し上げにくいのですが、御社にもその追加料金をご請求したいのが本音です。しかし御社とは今後も末長いお付き合いをしていきたいと考えておりますので、そのご請求はいたしません。つきましては、今回の材料費、人件費、エネルギー費の上昇に伴う値上げについては、どうか満額でご回答をお願いいたします」

〈成功事例：1億円の改善につながったT社〉

ここで少し、泣き寝入りリストの活用がうまくいった事例をご紹介したいと思います。

顧問先T社は、従業員数が約100名の中小製造業で建築資材の加工をしています。

この会社で「泣き寝入りリスト」を指導したところ、なんと損失金額の合計が年間1・2億円にのぼりました。

T社の皆さんも「おそらく泣き寝入りは多いだろう」と予測していたようですが、リスト化してビックリ。現場の悲鳴が生々しく金額化されたことで「これはマズい」と危機感を抱くきっかけになりました。

T社では、裏の売価のなかでも「仕様（スペック）に関する請け負け」が大半でした。とくにキズの品質基準に関する取り決めがほとんどなく、実際はできないにもかかわらず、お客様の一方的な要求である「キズなきこと」という条件で仕事を請け続けてしまっていました。また、それがその業界における商習慣でもありました。

そのため納品後にお客様から「ちょっとキズがついているからNGだよ。至急、選別にきて」と要請され、「はい！　すみません！　すぐに選別に伺います！」と対応してしまっていたのです。この選別作業や出張費、再生産対応などによって、年間約1・2億円の費用が発生していました。

「それがこの世界の常識だ。我々にはどうしようもないことだ」と、完全に痛覚が麻痺していたT社でしたが、泣き寝入りリストをきっかけに覚醒。営業姿勢を正していくことになりました。

まずT社では、見積り条件を正しく売価に反映していくために、独自の納入仕様書の作成を進めることにしました。

お客様からの一方的な要求に「イエス！」と答えるのではなく、「当社の標準的な仕様は●●です。キズについては●●まで保証します。それ以外の標準外仕様については別途、仕様書の取り交わしを行ない、お見積りをさせていただきます」という主旨のものです。

業界初ともいえる取り組みだったので、あらかた整備できるまでに約3年の年月を費やしました。

毎月1回のコンサルティングを受けてもらいながら、基本的な原価管理と値決めの仕組みづくりにはじまり、納入仕様書のひな形をまとめ、お客様への丁寧な説明と交渉をコツコツと進めていきました。

もちろん部門横断的なプロジェクトチームをつくり、全社一丸となってです。

一部のお客様からは「そんなことを言うのは御社だけだ！」と反発もありましたし、交渉に1年以上かかったお客様もありました。一方で新規のお客様とはすんなりと取り交わしが進みました。

さまざまな苦労はありましたが、結果として主要なお客様とは納入仕様書の取り交わしを完了させることができています。

後日、効果測定をしたところ、年間1・2億円もあった損失金額が、年間2000万円まで減っていました。完全にゼロにすることはできませんでしたが、収益改善効果としては年間1億円です。3年という期間を費やしましたが、それに見合う効果が出せたのです。

その年、T社では過去最高益を達成。全従業員に特別ボーナスが支給されたとのことです。コンサルタントとしてこれほど嬉しいことはありませんでした。

〈成功事例：たった1か月で売価が1・2倍になったG社〉

顧問先G社は従業員が80名ほどの製造業。自動車向けの部品を生産・販売しています。自動車部品ということもあって製品寿命が長いのが特徴です。製品によっては20年以上にわたって供給しなければならないことがあります。

G社でも同様に「泣き寝入りリスト」の作成を進めた結果、損失金額の合計は年間5000万円ほどに上りました。

なかでも裏の売価でいうところの「数量」に関する請け負けがひどく、利益一覧表でも赤字が目立っていました。

これを価格交渉カード化し、値上げに成功しています。

G社では、ある製品の月産数量が量産初期（20年前）の1万個／月から、500個／月まで激減してしまっていました。

以前から「小ロット品の生産性が悪い」と叫ぶ声がありましたが、収益改善活動へと昇華させることができていませんでした。

というのも、ロットサイズに応じた見積りをする仕組みがなかったためです。月10万個の注文でも、月1000個の注文でも、同じ価格で販売してしまっていました。

泣き寝入りリスト、正確な原価計算書、利益一覧表を武器にして、正々堂々とお客様との価格交渉をスタートさせました。

価格交渉時には152〜153ページ図表4－6のような取引実績も添え、丁寧に価格改定を申し入れました。

その結果、値上げを申し入れてから、わずか1か月で値上げに成功してしまったのです。そのスピード感からして、お客様内では「数量条件が大きく変わってしまった製品については、値上げ依頼があれば、即座に1・2倍まで値上げして良い」という方針があった模様。

これより得られる教訓は、待ちの姿勢ではいけないということです。

お客様から「値段を上げていいよ」と言ってくれることはほとんどありません。

自分たちでしっかりと利益一覧表を準備し、価格交渉カードをそろえ、値決めに心血を注いでいきましょう。

泣き寝入りリストを書く手順

それでは、どのようにして泣き寝入りリストを書いていったら良いのか、その手順をご紹介します。

▼手順1……実務者に意見を募る

実態を最も理解しているのは、最前線で仕事をしている実務者です。彼らに最近あった泣き寝入り案件について意見を募っていきます。

▼手順2……目的を明確に伝える

なぜ「泣き寝入りリスト」をつくろうとしているのか、それをどのように活用していくのか、その目的を明確に伝えます。

「意見を募集したけれど、あまり件数が集まらなかった」という企業の声を聞いていくと、その多くは説明不足が原因です。

事務的なアンケートのようになっていたり、日ごろの改善提案の延長になっていたり

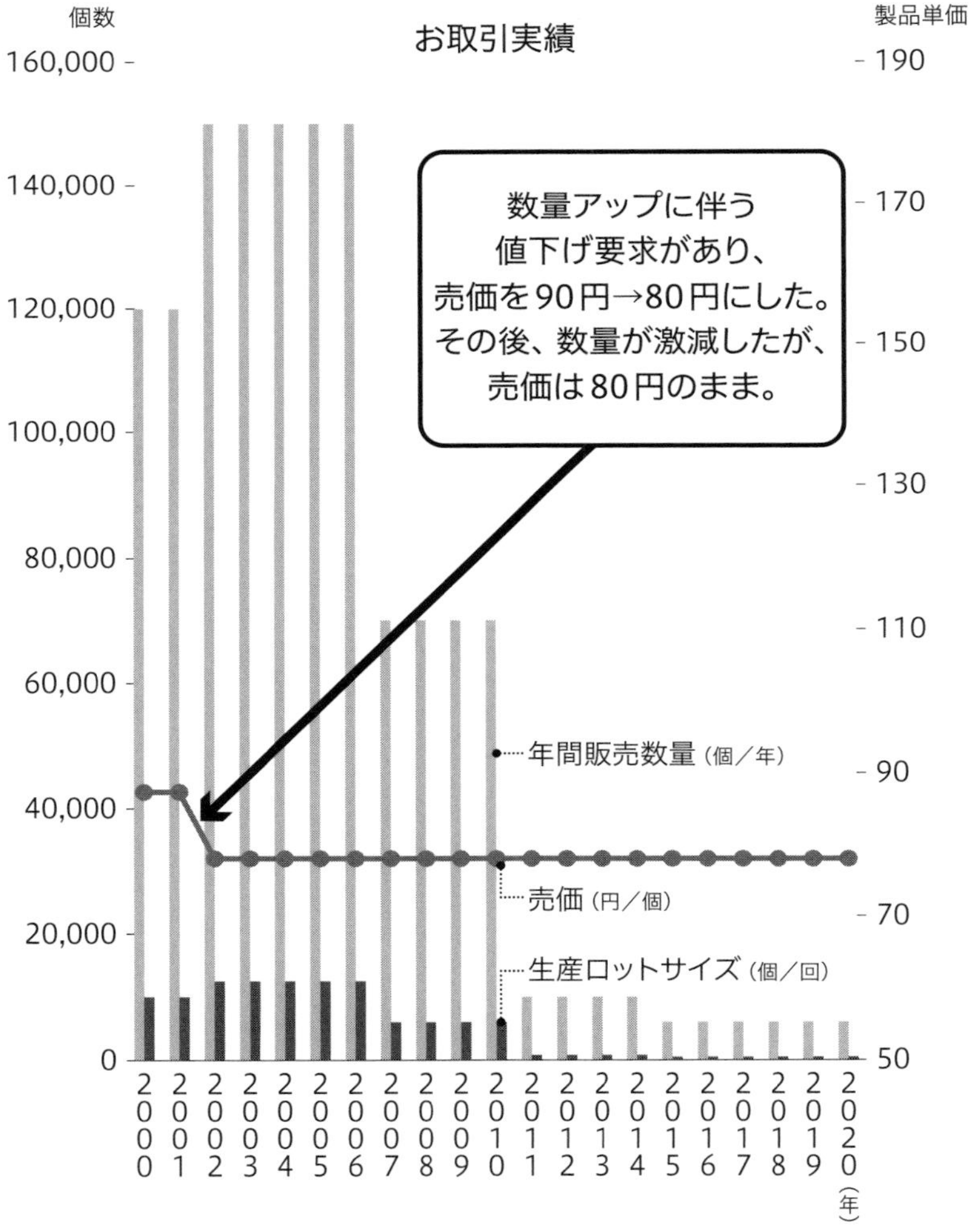

お取引実績
個数
製品単価
160,000
140,000
120,000
100,000
80,000
60,000
40,000
20,000
0
190
170
150
130
110
90
70
50
数量アップに伴う
値下げ要求があり、
売価を90円→80円にした。
その後、数量が激減したが、
売価は80円のまま。
年間販売数量（個／年）
売価（円／個）
生産ロットサイズ（個／回）
2000
2001
2002
2003
2004
2005
2006
2007
2008
2009
2010
2011
2012
2013
2014
2015
2016
2017
2018
2019
2020
（年）

図表4-6 ▶ お取引実績の例

年度	年間販売数量（個／年）	生産ロットサイズ（個／回）	売価（円／個）	【参考】お客様に見せてはいけないが、社内では見える化すべき数字 全社原価（円／個）	全社利益（円／個）	全社利益率（%）	年間利益額（円／年）
2000年	120,000	10,000	90	80	10	11%	1,200,000
2001年	120,000	10,000	90	80	10	11%	1,200,000
2002年	150,000	12,500	80	75	5	6%	750,000
2003年	150,000	12,500	80	75	5	6%	750,000
2004年	150,000	12,500	80	75	5	6%	750,000
2005年	150,000	12,500	80	75	5	6%	750,000
2006年	150,000	12,500	80	75	5	6%	750,000
2007年	70,000	6,000	80	90	-10	-13%	-700,000
2008年	70,000	6,000	80	90	-10	-13%	-700,000
2009年	70,000	6,000	80	90	-10	-13%	-700,000
2010年	70,000	6,000	80	90	-10	-13%	-700,000
2011年	10,000	800	80	150	-70	-88%	-700,000
2012年	10,000	800	80	150	-70	-88%	-700,000
2013年	10,000	800	80	150	-70	-88%	-700,000
2014年	10,000	800	80	150	-70	-88%	-700,000
2015年	6,000	500	80	175	-95	-119%	-570,000
2016年	6,000	500	80	175	-95	-119%	-570,000
2017年	6,000	500	80	175	-95	-119%	-570,000
2018年	6,000	500	80	175	-95	-119%	-570,000
2019年	6,000	500	80	175	-95	-119%	-570,000
2020年	6,000	500	80	175	-95	-119%	-570,000
累計	1,346,000	-	-	-	-	-	-2,870,000

して、現場からすると「またか。どうせ書いても意味がないんじゃないの？」と思われてしまっています。

つまり、皆本気でやっていないのです。

メールなどでパッと済ませるのではなく、膝を突き合わせながら、熱をこめて主旨を伝えていってください。

▼手順3……事例を紹介する

いきなり「泣き寝入り案件を書け」といわれても、この本を読んでいない人にとってはピンときません。１４２～１４３ページの事例や、１４４ページ図表４－５を見せ、よくイメージしてもらってください。

皆さんの会社の表現や言葉に置き換えていくことが、たくさんの声を集めるコツです。日ごろのうっぷんを晴らすつもりで進めていくと面白いですよ。

▼手順4……「裏の売価」について教育する

より充実した泣き寝入りリストにしたければ、「裏の売価」についての教育をしていきましょう。皆で集まって、原価を押し上げる要因や価格転嫁の条件についての勉強会を開催してください。

筆者がコンサルティングを実施する場合では、邪魔が入らない環境をつくって、最低1日は時間をかけて原価と値決めの基礎研修会を実施します。

それぐらいのエネルギーをかけないと、本当に心の底から理解し、納得してもらえないからです。費用対効果が大きいので、このコストを惜しむべきではありません。

▼手順5……提出用紙はシンプルに

とっかかりは簡単なものでかまいません。手書きでサッと書いて提出できるものが良いです。

はじめからエクセルなどに入力させることは、あまりおすすめしていません。

その理由は、中小企業にはデジタル入力や、文章化が不得手な人もおられるためです。それらに一生懸命になってしまい、肝心の中身が薄くなっては意味がありません。

ここでは、箇条書きや単語だけでも良いので、とにかく書き出してもらうことを最優先にします。その後でリーダーの人がヒアリングし、上手に翻訳し、文章化してあげるべきです。よくある「ここに書いておいてね」だけでは、決してうまくいきません。

▼手順6……生々しく記録する

泣き寝入りしたのは、いつなのか。どの会社の、誰に、理不尽な要求をされたのか。個人名まで生々しく記録しておくのがポイントです。

生々しい事例は、価格交渉カードにしたとき、非常に強烈です。

はじめは愚痴のようなものが混ざってもかまいません。とにかくリアルさと事例数を重視してください。

▼手順7……金額化させる

このステップが最重要です。

理不尽な要求に応えた結果をお金に換算することで、どのくらい経営に影響を及ぼしているのか、誰が見ても一目瞭然になります。

慣れないうちは少しむずかしいと思いますので、できる人が手助けをしてあげてください。

▼手順8……部署単位でまとめる

各部署のリーダーが意見を取りまとめ、情報を整理していきます。

完成したら、どのような声が上がってきたのか一堂に会してレビューし、「収益改善するぞ！」と社内の機運を高めていきます。

順調に進めば、ここまでで多くの価格交渉カードがたまっているはずです。

なお、泣き寝入りリストは自社の改善活動テーマの選定にも役立ちます。損失金額化してあるので、社員に利益意識が芽生え「こんなに損をしているのなら、なんとかしたい！」という気持ちが湧いてくるのです。

ぜひチャレンジしてみてください。

CHAPTER 5

魅力価値を備えて値決め力を高めよう

SECTION
5-1

自社の価値とは？

安売りをしないようにするには、自社の価値に気付き、それに磨きをかけていくことが大切です。価値には、①使用価値と②魅力価値の2つがあります。

❶使用価値とは？

使用価値とは「商品そのものの機能や役割のこと」をいいます。

たとえば、私がセミナーで使う「ホワイトボード消し」。この使用価値は「書いた文字をきれいに消せること」です。この点が最低限満たせていないとホワイトボード消しとして機能しません。

❷魅力価値とは？

魅力価値とは「多少値段が高くても買いたいと思えるもの」です。

安売りしないためには、使用価値よりも魅力価値をPRしていくことが大切です。

「ホワイトボード消し」の例でいえば「固定用マグネットが付いており床に落ちない」とか「消したときに粉が手に付かない」といった特徴をもったものなどです。

セミナーでは、勢いよく話したり書いたりすることもあるので、ポロっとホワイトボード消しが床に落ちてしまうのです。手に消し粉が付くのも単純に嫌です。

ちょっとしたことですが、私自身は集中してセミナーをやりたいので多少値段が高くても良い道具を使いたいと感じます。

▼パスタの魅力価値

より身近な事例でいえば、私たちが普段食べるパスタにもさまざまな魅力価値を備えた製品が出ています。

パスタの使用価値は「おいしく空腹が満たされ、炭水化物を摂取できること」です。

自宅でもレストランでも、パスタを食べる主な目的はこれだと思います。

一方で魅力的な特徴をもったパスタはどのようなものかというと、「糖質オフ仕様。ダイエット中でもOK」、「茹で時間1分。家事育児で忙しいパパ・ママに」、「インスタ映えする見た目」などが挙げられます。

私は以前ライザップに通っていたことがあります。そのときは1食で摂取する糖質量にかなり気を使っていました。ライザップに通い始めたきっかけは、健康診断で生活習慣病のリスク有りと診断され、強いショックを受けたからです。若いころと比べて体重は10キロ以上増え、見た目も良くないと感じていたので、思い切って有名フィットネスクラブの門を叩く決意をしました。

たしかに食費はかさみましたが、それで生活習慣病のリスクから逃れられ、健康的な肉体が手に入るなら安いものだと思い、徹底した食事管理をしていました。

このような人にとって「糖質オフ仕様」はとても魅力的です。

日ごろ、家事や育児に追われているパパやママにとっては「1分でも早く身支度しなくちゃ！」と、とにかくタイムパフォーマンスを重視する場面が多いでしょう。

SNSで注目を浴びたい人にとっては、味や栄養素以上に見た目が重要ポイントになるかもしれません。

▼産業機器向け部品の魅力価値

請け負い型ビジネスをしている企業でも、魅力価値を考えていくことは大切です。

たとえば、産業機器向けの部品を委託製造加工している会社では、その使用価値は「客先指定寸法に収まっている」とか「お客様で問題なく組立できる」などになります。

ところが、ライバル企業も同様の使用価値で商品提供してくることが多く、その場合は価格勝負になりがちです。そこで重要な差別化ポイントが魅力価値です。

魅力価値の例としては、「素早い納期回答ができる営業および生産管理体制」、「お客様に設計アドバイスできるほど優れた技術力」、「ロット1個から生産対応」、「試作納期は最短1日」などです。

筆者のバイヤー経験で言えば、どれだけ値段が安くても、いちいち督促しないと納期回答を得られない仕入先とは付き合いたくないのが本音でした。

仕入先から納期回答が得られないと、社内から「西田君！　まだ部品の納入日がわからないの？　生産計画が立てられないじゃないか。お客様が待っているのだから早くしてよ！」と強いプレッシャーをかけられるのです。これが苦痛でたまりませんでした。

そのような日々だったので、いつも「納期回答すらまともに出てこない取引先は、仕入先から外したいなあ。このストレスから解放されたい」と感じていました。

意外に思われるかもしれませんが、バイヤーにしてみると、パッパッとレスポンスがあるだけでとても安心感を得られます。またそれは、その仕入先を支持する大きな要因になり、新しい案件の相談なども優先的にするようになっていきます。

ユーザーの立場に立って「多少高くても、それだったら買いたい！」と感じてもらえることは何かをじっくり考えてみてください。それを自社のストロングポイントとして磨き、そしてお客様にＰＲしていってほしいと思います。

こうした魅力価値について**図表5－1**にまとめましたので、参考にしてみてください。

図表5-1 ▶ 使用価値と魅力価値とは？

使用価値……商品そのものの機能や役割
魅力価値……多少、値段が高くても買いたいと思えるもの

	ホワイトボード消しの場合	パスタの場合	産業機器向けの機構部品
使用価値	✔きれいに消せること	✔おいしく、空腹が満たされる	✔客先指定寸法に収まっている ✔お客様で問題なく組立できる
魅力価値	✔固定用マグネット付きで床に落ちない ✔消したときに粉が手に付かない	✔糖質オフ仕様。ダイエット中でもOK ✔茹で時間1分。家事育児で忙しいパパ・ママに ✔インスタ映えする見た目	✔的確かつ素早いレスポンスができる営業、生産管理体制 ✔お客様に指導できるくらいの設計技術力 ✔ロット1個から対応 ✔試作納期は最短1日

SECTION
5-2

〝魅力価値〟発見トレーニング！

「え〜。ウチの会社にそんな魅力なんて……」と思うかもしれませんが、決してそんなことはありません。現在のお客様が御社の商品を買ってくださっているということは、何らかの魅力や特長が存在するはずです。

それを言語化して、お客様や世間にＰＲしていくためには、訓練が必要です。

ただぼんやりと考えていても明確にはなってこないので、紙とペンを持ち、手と頭をフル回転させて取り組んでみましょう。

〝魅力価値〟発見トレーニングの進め方

やり方は至ってシンプル。

会社自身や製品自身の魅力を、思いつくままに100項目以上書いていきます。

手順1……4〜5名で集まる
手順2……紙とペンを用意する
手順3……「思考」に集中できる環境をつくる
手順4……まずは30分。黙って書き出す
手順5……周囲の人と共有する
手順6……魅力価値リストにまとめる
手順7……社内の共通認識とする

▼手順1……4〜5名で集まる

まずは社内で4〜5名選抜して始めていきます。初めから大人数でやることは、まとまりに欠けるのでお勧めしません。少数精鋭チームが良いです。

メンバーはさまざまな角度から自社の魅力を分析するため、部門横断的に招集します。営業やマーケティング部門だけではなく、他部門の人材を積極的に参画させてください。

▼手順2……紙とペンを用意する

魅力価値を書き込む用紙とペンを用意してください。

用紙は何でもかまいませんが、フォーマットに迷うようなら図表5－2を真似てみてください。これは、筆者が日ごろ行なっている収益改善コンサルティング（通称：ＩＰＰ）の魅力価値についてメモしたものです。

▼手順3……「思考」に集中できる環境をつくる

魅力価値を見出していくには、「思考」という作業が必要です。

脳が「思考モード」に入っているときに、電話や問い合わせ、スマホアプリの通知などの横槍が入ると、それまで脳内で重ねた「思考」が一気に霧散してしまいます。

会議室を確保し、入室禁止にしておきましょう。そしてスマホの電源は切っておく。これが質の高い「思考」を実践するコツです。

「お客様から電話があったら困る」という気持ちもわかりますが、たかだか数十分です。それぐらい電源を切っておいても、大した問題にはならないでしょう。

そういった部分も含めて、値決めに心血を注いでいってほしいと思います。

図表5-2 ▶ 魅力価値トレーニングシートの記入例

魅力価値トレーニングシート

検討テーマ	IPPの魅力価値 ≒ 顧問先企業が得られる価値

No	思いついた魅力価値を書き出す
1	正確な標準原価計算ができるようになる。
2	タイムリーな実績原価計算が 〃 。
3	原価差異分析が 〃 。
4	儲かる値決めが 〃 。
5	コストダウンが面白いほど進むようになる。
6	値上げの理論武装ができるようになる。
7	泣き寝入りリストで強力な価格交渉カードができる。
8	利益一覧表ができる。
9	利益一覧表に基づく営業・製品・価格・コストダウン戦略が描ける。
10	社員に原価意識，利益意識が根付く。
11	コンサルフィー以上の収益改善効果が見込める。
12	営業利益数百万円の会社を、営業利益2.5億円に改善したことがある。
13	泣き寝入り被害額を1億円→1,000万円に改善 〃 。
14	設変費用の未請求額を6,000万円→ほぼ0円に改善 〃 。
15	社員の成長が目に見えて分かるようになる。
16	利益を増やすには、どうしたら良いか考えられるようになる。
17	部門横断的な改善活動をすることができる。
18	社内の共通言語を持つことができる。
19	設備投資の費用対効果がパッと分かるようになる。
20	社内に収益改善（値上げ×コストダウン）の技術が蓄積させる。

▼手順4……まずは30分。黙って書き出す

会話は慎み、集中して始めます。

このときは数を書くことが大切です。

途中で「さっきも同じことを書いたな」と思うこともありますが、気にせずにどんどん書き進めていってください。

だいたい30分も続けると手が止まってくるので、いったんそこで区切ります。

▼手順5……周囲の人と共有する

それぞれが書いた用紙を人数分コピーし配付します。

他の人はどのような魅力があると考えたのか、見せ合ったり、ディスカッションしたりしながら内容を共有します。

「当社の魅力はこれだ！」というものがあれば、マーキングしておいてください。

▼手順6……魅力価値リストにまとめる

チームリーダーが意見をまとめ、魅力価値リストとして清書します。

▼手順7……社内の共通認識とする

最後に社内の誰もが共通認識をもてるよう、トップから「我が社の魅力価値は○○だ。値段が多少高くても、お客様に選んでもらえるよう、日々○○を磨き、お客様にPRしていくのだ」とメッセージを発します。

社員の心に沁み込むまでには時間がかかります。一度きりではなく、何度も何度も口を酸っぱくして発信していってほしいと思います。

こうやって引き出した魅力価値を、日ごろの営業活動を通してお客様に伝えていきます。

これも何度も何度も繰り返し行なっていくことが重要です。

SECTION
5-3
自社研究、ライバル研究、お客様研究！

研究は不可欠！

自社の魅力価値に気付き、それに磨きをかけていくためには、自社はもちろんのこと、ライバルやお客様についても理解を深めておかねばなりません。そしてそれは経営者だけではなく、実務の最前線に立つ従業員も理解し、全社共通のものにしておくことが重要です。

❶自社研究とは？

会社自身や自社製品について詳しく知ることが、安売り防止の第一歩です。

会社概要くらいであれば知っている従業員は多いと思いますが、創業の歴史や現在の事業に至るまでの経緯、自社製品がお客様でどのように使われているのか、地域社会でどのような役割を果たしているのか、このような側面まで深く理解していきましょう。

このような背景を知ることは、「自分たちの製品は、本当は安売りしてはいけないのだ。価値ある会社で、価値ある製品を提供しているのだから、もっと高く売らなければ！」と自信をもっていくための大切なプロセスです。

ひと昔前なら、居酒屋での飲みニケーションなどで上司から聞かされ、自然と勉強できたことですが、最近はそのような機会はめっきり減ってしまいました。そのためとくに若い従業員に対して、このような教育はあまり進んでいません。

そういった過程を経ずに「安売りはするな。高く売れるようＰＲしてこい」と言うのは少々無理があるように思います。

社内で勉強会を企画し、魅力価値トレーニングやグループワークを通じて、自社研究を進めていくことが必要になってきています。

❷ライバル研究とは？

安売りしないための準備として、ライバル会社やライバル製品ついて詳しく知ることも必要です。

お客様は皆さんの会社のほかに、どこに見積り依頼をしているのか、その会社概要、従業員数、立地、保有している生産設備、生産方式、工法は自分たちと比べてどう違うのかなどについて、興味を持って調べていきます。

完璧に調べ上げることはむずかしいと思いますが、いまの時代はインターネットで検索すれば大抵のことはすぐにわかります。

お客様に直接教えてもらっても良いでしょう。運が良ければ、ライバル製品の現物を見せてくれるかもしれません。

自社の技術を安売りしないために、自社とライバルとの違いを比較できるようにしていきます。

❸お客様研究とは？

そしてお客様についての研究です。

・経営状況、経営計画などについて知る

その一歩目として、お客様の経営状況はどうなっているのか、これからどういった市

場や分野に注力しようとしているのか、経営計画や売上計画はどうなっているのかを調べていきます。

調べるといっても、多くの場合は、お客様に直接聞きにいくことになるでしょう。自分たちの値上げの主張をしていくことも重要ですが、もしもお客様の経営計画が魅力的なものであれば、現在は値上げを控えるという選択肢も出てきます。

逆に将来性を感じないお客様であれば、撤退を視野に入れた値上げの交渉も必要です。値上げにおいては、こういった背景も踏まえながら慎重に進めていく必要があります。

その他にも、お客様の生産計画、調達方針や購買政策などを聞いておくと、値上げの判断基準として役立ちます。

・価格以外の困りごとを汲み取る

企業には、お客様や社会が抱えている問題解決や、不安の解消といった役割があります。品物と引き換えに受け取る代金は、その役に立った対価です。

たとえばコロナが流行し始めた当初、マスクが飛ぶように売れました。これは消費者である私たちの「得体の知れない病気にかかりたくない」という不安心理が根底にあります。

その結果、日本中でパニックが起きるほどマスクの需要が増加。それまで1枚10円ほどだったマスクの価格はたちまち何倍にもなりました。しかしそれでも消費者は、得体の知れない病気のリスクから解放されるために割高であってもお金を支払いました。

製造業においても、顧客の問題解決が安売り防止へとつながっていきます。

お客様の製造現場や受入現場が、ライバル社の納期や品質の問題、日ごろの何気ない対応に不満を抱えていれば、それはライバル社から仕事を奪う絶好機となります。

営業だけじゃダメ！ 部門横断的にやるから強い！

このような自社研究、ライバル研究、お客様研究についても全社一丸で進めていきましょう。営業担当者の個人的な取り組みとするのではなく部門横断的なチームをつくり、よく社内コミュニケーションをとりながら進めていってほしいと思います。会社の財産として蓄積していくために、じっくりとエネルギーを割いていってください。

SECTION 5-4

安易に値下げに同調しない

値下げを要請されたら？

時としてお客様は「他社価格は○○円で見積りがでてきているよ。なんとかこの価格より安くならない？」と価格交渉してこられることがあります。

しかしそこで慌てふためき、自社の見積り価格を下げてはいけません。

▼他社価格は本当か

まず大切なことは「他社価格は本当か」と疑うことです。
単純に「ふっかけられた」という可能性があります。実際にその目で他社の見積書を見るまでは、バイヤーの言うことを真に受けてはいけません。

▼見積り条件は同じか

価格交渉において他社価格を引き合いに出された場合には、見積り条件についてよく確認をしていきましょう。

見積り条件とは「裏の売価」でご紹介した6つ（仕様（スペック）、サービス、数量、時間、値引き（入金）、現物）です。

これらの条件次第で原価は変動するので、売価も安くなったり高くなったりします。

他社の見積りは、皆さんの考えているものと仕様は一緒でしょうか。数量条件、リードタイムは一緒でしょうか。

こういった情報を念入りに精査しながら「たしかに他社より若干高いかもしれませんが、その分リードタイムは他社の半分で済みますよ」とか「販売ロットサイズは、他社の半分で小口対応できますよ」など、丁寧に説明していくことが大切です。

▼なぜ自社に見積り依頼がきたのか

お客様から引き合いをもらったら、ただ右から左に処理するのではなく、お客様がどうして自社に声をかけてくれたのか、その背景を探ることが大切です。背景によっては、通常より高く売れることがあるからです。

お客様は自社を本命の仕入先と考えているのか、あるいは相見積りの当て馬にしようと考えているのか。それとも現行の仕入先から値上げされ、別の調達先を探しているのか、こういった見積り依頼の背景を確認します。

バイヤー＝ユーザーではない？　真のユーザーは誰？

多くの営業マンが日ごろ営業活動を行なう相手は、お客様の購買部門（バイヤー）です。しかし真に営業すべき対象はバイヤーではありません。「真のユーザー」に対して積極的に営業していくことが重要です。

真のユーザーとは、ずばりお客様の製造部門や技術部門、受入部門などの皆さんの製品を直接使ったり、触ったりする人たちです。この人たちからの評価を高め、皆さんの会社のファンになってもらうことが最も大切です。

実は、どれだけバイヤーが特定のメーカーや製品を推しても、製造や技術部門から「あそこは品質が悪くてダメだ。現場が荒れる原因になるから使えない」と拒否されてしまうと、バイヤーはそこから製品を購入することができません。

つまり直接のユーザーから「皆さんの会社の製品を買いたい」「皆さんの会社のほうが総合的にいい！」と言ってもらうことが大切なのです。

もちろん取引の窓口は購買部門になることが大半です。購買部門の顔を立てておくことは忘れてはいけません。

筆者がバイヤー時代に出会った優秀な営業マンは、筆者との面談後に必ず製造部門や技術部門のキーパーソンと直接会話する場を設けていました。

購買担当者からは出てこない「現場の生の声」を聞いて帰っていったのです。

まずはそういった人たちと名刺交換するところからスタートしてみてください。

面談の理由はなんでもかまいません。

「日ごろお世話になっているので、ご挨拶したい。お礼を言いたい」というのがシンプルで良いのではないでしょうか。上手にコンタクトしてみてください。

キーマンとの信頼関係の構築

このように安売りをしないための準備としては、お客様の各部門におけるキーマンと信頼関係を構築していく必要があります。キーマンとは決裁権を持った人物です。

値上げを認めてもらうにしても、新製品の受注に結び付けるにしても、キーマンの首を縦に振らせることが最終的に必要です。

そのためには次のような手法があります。

昔から行なわれているオーソドックスなものですが、その心理的な効果についてご紹介します。

▼定期連絡、定期訪問を重ねる

これは「ザイアンスの法則／単純接触効果」という心理的な効果を狙ったものです。

人間は、対象となるヒトやモノに何度も触れることで、それに対する敵意が薄れ、好意を持ちやすくなるといわれています。

▼提案営業や情報提供を重ねる

これも心理テクニックを利用したものです。

「返報性の原理」といって、人から何か施しを受けたら、お返しをしなければならないという気持ちになる心理効果です。

たとえば、同僚から旅行のお土産をもらったら、「今度は自分も」と、お返しをしたくなりますよね。そのときの脳内では「返報性の原理」が働いています。

ビジネスシーンにおいては、日ごろお客様にとって役に立つ情報提供やお客様の問題解決につながる提案営業がそれです。

時には、接待や手土産を持参するなどの技を駆使しても良いでしょう。

いざ値上げのタイミングで「いつも何かと尽くしてもらっているから、値上げは認めてあげないと悪いなあ」という心理状態になってもらい、値上げ成功の確率を高めていきます。

ここまでくれば、あとは価格交渉の本番を残すのみです。

それでは、次章の「上手な値上げ交渉のやり方」へ進んでいきましょう。

CHAPTER 6

上手な値上げ交渉のやり方

SECTION
6-1
対象製品の選び方

本書はここまでで、原価と売価の基本的な考え方、値決めの条件、安売りしないための準備について解説してきました。

これらの土台部分があってはじめて、値上げ交渉の成功へとつながっていきます。

それではこれから、値上げ交渉のやり方について解説をしていきます。

まずは、どの顧客の、どの製品について、いくらの値上げを行なうのか、それを決断していきます。

その判断基準になるのが、利益一覧表と原価計算書です。これらをよく分析し、値上げ対象を絞り込んでいきます。

利益一覧表は将来を想定したものにしておく

このときのポイントは、将来の物価上昇を想定した利益一覧表で考えていくことです。将来起こりうる仕入先からの値上げ、エネルギー費の上昇、従業員の賃金アップなどを想定し、将来の原価をシミュレーションします。

「近い将来の損益は、このようになるのか」と認識しておくことが大切です。

「ちょっとむずかしそうだな」と思われるかもしれませんが、実は簡単。基本的な原価計算の仕組みさえつくってしまえば、エクセルの数字を置き換えるだけで「パッ」とシミュレーションできるようになります。

筆者のほとんどの顧問先では、利益一覧表も原価計算書もエクセルベースでつくられています。わざわざ高いお金を払って、既存の生産管理システムをカスタマイズしたり、高度なものにしたりしなくても、十分使えています。

絞り込みの切り口

利益一覧表を、年間の全社利益額の多い順（少ない順）に並べ替え、自社にとって重要な（重要でない）顧客や製品を見極めていきます。

大切なことは、「想像でやらない」ということです。

実際の数字を目の前にし、現状いくらの利益（赤字）が出ていて、これからの物価上昇によって、どれだけ利益が減るのか、だから最低どれだけ価格転嫁しなければいけないのかを正面から受け止めてください。

人間の記憶はあてになりません。「あのお客様は儲かっているだろう」とか「この商品は赤字のはずだ」といった議論は避けるようにしましょう。

また実際の数字を目の前にすることで、感情的になってしまうことも防げます。

自社が長年付き合ってきたお客様や、立ち上げで苦労した製品は、どうしても感情移入しやすくなります。

場合によっては、これまでやってきたことを全否定し、撤退の覚悟をもって大幅値上げをしなければならないのに、正しい判断ができなくなってしまうのです。

しかし利益一覧表という確固たる現実を目の前にすれば、それを避けることができます。声の大きい人の意見だけが通らないよう、冷静に進めていってほしいと思います。

経営への影響が少ないところからテストする

これから初めて値上げに挑戦するという場合は、万が一、価格交渉がうまくいかなかったケースを想定し、慎重に進めていくと良いでしょう。

仮に失注しても痛みの少ないお客様や製品を選び、訓練を兼ねて値上げ交渉を進めていきます。

そこでうまくいったことやダメだった点を反省し、より重要なお客様との価格交渉に活かしていきます。

SECTION
6-2
交渉に臨む前にすべきこと

最悪のケースを想定して交渉の境界線を決める

ここでの最悪のケースとは、値上げ交渉を仕掛けたことによる失注です。現実的な問題として、常に失注リスクは想定しておかなければいけません。したがって、どれぐらい強気に価格交渉を進めていくのかというのは、自社の経営状況やお客様との関係性、マーケットの状況などによって異なります。

会社として、目標とする全社利益率を確保する方針でいくのか、今回は悪玉製品の赤字額が半分になれば良しとするのか、あるいは撤退前提で強気にいくのか、よく吟味して価格交渉の境界線を設定します。

この境界線の決定は、経営者やそれに準ずる方が行います。

営業マンの本音は「売上が減ると評価が下がる」……

営業マンの人事評価基準の1つに売上金額があります。一般的に、たくさん売れば評価が上がり、少なければ評価は下がります。

そのような場合に、営業マンに対して「自分で交渉の境界線を考え、値上げしてこい」と指示するだけでは、価格転嫁を進める足かせになってしまいます。

値上げを進めるうえでの、最大のリスクは失注です。

もし失注してしまえば、その営業マンの評価は下がってしまいます。

もし自分が営業担当者の立場なら、積極的に値上げ交渉を行なうでしょうか。

本当なら1か月で値上げが成功したかもしれないのに、失注を恐れて、1年以上の期間をかけてしまうかもしれません。本当なら何十%の値上げができたかもしれないのに、たった数%の値上げにとどまってしまうかもしれません。

交渉の境界線は経営者が決め、「この価格で失注なら仕方ない。評価には影響しないから安心して交渉してきてほしい」と明言しておくことが肝です。

真の交渉相手を想定する

真の交渉相手とは、お客様内部で最終決裁を下せる人物のことです。

その人物が「値上げは仕方ない」と納得し、承認印を押すことをイメージして値上げ交渉を進めなければいけません。

お客様の窓口である購買担当者の一存で値上げが認められることは、極めて稀です。ほとんどの場合、値上げ依頼を受け取った購買担当者は、「このような値上げ依頼がきています。この値上げ金額は妥当に思います。認めてもよろしいでしょうか」と社内を説得し、承認をとる必要があります。

その説得しなければいけない相手が、真の交渉相手です。

真の交渉相手はさまざまです。購買担当者の上司が権限をもっていることもあれば、事業部長や経営者がもっていることもあります。あるいは、お客様のその先のお客様が握っていることもあります。

このような人物の首を縦に振らせるにはどうすれば良いかと考え、それから逆算して説明資料づくりや交渉のストーリーを練っていきます。

〈成功事例：値上げの話が商社で止まっていた〉

現在ほど値上げが市民権を得ていないときのことです。

顧問先Y社でIPPを指導し、いつものように利益一覧表と原価計算書を武器にして収益改善活動を実施。そのなかで、ある商社のお客様に加工賃アップの値上げをお願いしていました。

毎月の指導会で値上げ交渉の進捗報告をしてもらっていたのですが、その進捗が悪い。3か月前に窓口である商社に正式依頼したにもかかわらず、依然として先方の担当者は社内確認中だと言うのです。

直感的に「おかしい」と感じたので、本当に社内に話を上げているのか、その先のエンドユーザーにも値上げの話を打診したのか、その辺を問い詰めていってもらいました。

結果は案の定。商社担当者が「実はまだ、エンドユーザー様に報告できていないのです」と白状しました。エンドユーザーから叱られることを恐れ、まったく値上げの話ができていなかったのです。

皆で「この野郎！」と言いたい気持ちにもなりましたが、そこは冷静に対応します。

商社担当者の気持ちに寄り添い「そうだよね。貴方の立場だとエンドユーザー様には言い辛いよね。加工賃アップの背景を説明することもむずかしいよね」とフォローしつつ、「エンドユーザー様には、我々から直接、値上げの背景や根拠をプレゼンするから、一緒についてきてくれないか」と商社マンを抱え込んで、交渉を再スタートさせました。それから先はスムーズに進行。エンドユーザー様から良い回答を得ることができました。

このようにお客様の窓口担当者も、社内やその先のお客様に対して説明をしていかなければいけないのです。最終的に決裁を下せる人物は誰かを想定して、交渉を行なっていきましょう。

値上げのロードマップを描く

先延ばしにせず、推進力をもって値上げ活動を行なっていくため、いつまでに、誰が、何をやる必要があるのか、それをロードマップに描いておきましょう。

大事なことは、頭のなかで描きっぱなしにしないということです。

しっかりと紙に書き出し、「この計画で実行するのだ！」と周囲に宣言してもらうことが推進力を得るコツです。

具体的には、１９４～１９５ページ**図表6－1**のように見える化しておくと良いでしょう。

新価格の適用日を設定し、そこから逆算して、具体的に何をやらなければいけないのか列記していきます。

▼推進力を得るコツその1……収益改善見込み金額を書く

この値上げ活動がうまくいったら、最大でどれだけの収益改善が見込めるのか金額化しておきます。単なるモチベーションアップだけではなく、お客様にとってどれだけの費用負担になるのか、交渉の全体像を把握するうえでも有用です。

▼推進力を得るコツその2……担当欄には個人名を書く

しばしば担当欄に部署名だけを書いてあるロードマップを目にしますが、それでは誰が責任をもって実行していくのか明確になりません。また数年後に見直した際に、誰がどのような活動をしたのかもわからなくなってしまいます。

担当欄はハッキリと個人名を書かせるようにしてください。

作成：20＊＊年8月1日　鈴木（営業）
更新：20＊＊年1月10日　鈴木（営業）

	8月	9月	10月	11月	12月	1月	2月	3月	4月	5月
		済								
		済								
			済							
			済							
				済						
					済					
						済				
						アポ中				
							未			
								未		
									未	

図表6-1▶○○社：値上げロードマップ

収益改善見込み金額：約3,000万円／年
対象製品：別表に記載
新価格の適用目標：20＊＊年4月1日納品分より

	取り組み課題	担当
1	利益一覧表の分析	田中（社長）、鈴木（営業）
2	取引状況の確認	鈴木（営業）
3	泣き寝入りリストの分析	鈴木（営業）、吉田（製造）、渡辺（生産管理）
4	価格交渉カードの整理	鈴木（営業）
5	交渉方針の検討	田中（社長）、鈴木（営業）
6	お客様への打診	鈴木（営業）
7	正式文書での通達	鈴木（営業）
8	本格交渉1回目	鈴木（営業）
9	本格交渉2回目	田中（社長）、鈴木（営業）
10	客先承認	鈴木（営業）
11	注文書の単価確認、検収単価の確認	鈴木（営業）

SECTION 6-3

正式な価格改定レターの書き方

正式文書で値上げ依頼を行なうことは、会社対会社で交渉をしていくための重要イベントです。「我が社として正式に値上げを依頼します」という書面がなければ、お客様から「あぁ、まだそこまで本気じゃないのね」というふうに受け取られかねません。会社の正式文書として、権威あるものを発行していきます。

事前に口頭で打診しておく

突然値上げのレターが届くとビックリするお客様もいます。事前に口頭で値上げの打診をしておくのが無難です。

「実は今度、価格改定をすることになりまして、御社にもご協力をお願いしたいと思っております。○月頃に正式な文書をお送りしますので、どうかよろしくお願いいたします」と前置きしておくのです。これによって、先方にも心の準備ができます。

その際、お客様から提出を求められる書類についても確認しておくと、後々になってお客様から「あれを出して。これを出して」といった要求に振り回されなくて済みます。

レターを書く際のポイント

次ページ**図表6－2**は、価格改定文書の一例です。実際には、これをこのまま使用するのではなく、お客様との関係性を十分に考慮して、内容や表現の仕方をアレンジしてください。

レターを書く際のポイントは、次のとおりです。

▼発行者は社長

会社として正式な権威ある文書とするため、できるだけ社長の名前で発行します。

図表6-2 ▶「価格改定のお願い」の例文

株式会社○○○○　御中

20○○年○月○○日
株式会社○○○○
代表取締役社長　○○○○

社印

価格改定のお願い

拝啓
　貴社ますますご清栄のこととお慶び申し上げます。平素は格別のご高配を賜り、厚く御礼申し上げます。

　さて、この度は貴社よりご発注を頂いております○○製品につきまして、価格改定させていただくお願いとなります。

　かねてから仕入れ価格、人件費、燃料代などは上昇しておりましたが、社内の原価低減努力により何とか吸収し、10年以上にわたって価格据え置きに特別努力して参りました。

　ところが昨今の更なる物価上昇により、それも限界に達しております。

　誠に不本意ですが、20○○年4月1日以降の納品分につきまして、別紙のお見積書に記載の単価にてご発注をお願い申し上げます。

　何卒、事情をご賢察の上、ご了承のほどお願い申し上げます。

敬具

記

【2005年から現在にかけての各費用の上昇率】

1生産量あたりの上昇率	2005年	2010年	2021年	2022年
仕入れ価格	100%	105%	130%	150%
人件費	100%	109%	136%	139%
燃料代	100%	105%	200%	250%

※2005年を100%とした場合

お客様との関係性を十分に考慮して
内容や表現は工夫すること

▼社印を押印する

そして社印を押印することで、さらに権威性を高めます。

筆者は、デジタル化のための脱ハンコは大賛成ですが、今回は目的が違います。お客様に「会社の正式な方針として値上げする」という主旨を直感的に理解してもらい、「真摯に対応しなければいけない」と感じてもらうことが今回の目的です。そのためにはハンコはわかりやすく、日本人の文化に根ざしたツールです。

▼数字を交えながら窮状を伝える

値上げ依頼文書には、皆さんの会社が困っている現状や、その背景を書くのが一般的です。その内容は、なるべく数字を交えながら記載していきます。

原価を丸裸にするわけにはいきませんが、各費用の上昇率などを書いておくと良いでしょう。必要に応じて詳細を記載した別紙を添付し、お客様に対して丁寧に説明していきます。

▼新価格の適用日を明記する

自社の希望として、いつから新価格で取引したいのか、その適用日を明記します。これによって、価格交渉がダラダラと長引かないようにします。

1日も早く価格改定したいところですが、正式文書の発行後に行なう価格交渉や、お客様での社内承認、注文書の再発行などにかかる日数を、ある程度考慮しておくのが現実的です。

SECTION
6-4

「値上げ交渉」のコツ

いきなり本番はダメ

さて、原価と値決めの基礎固めを行ない、値上げの準備も整いました。

あとはお客様との直接交渉を残すのみです。

ここで大切なことが、営業担当者を「いきなりお客様のところへ行かせない」ということです。

これまでの日本の商習慣からいっても、値上げ交渉に慣れている人はほとんどいません。しかし値上げ交渉は、数百万円から数千万円、時には数億円といった大金が動く場です。そのような場に経験不足の営業マンを「行ってこい」と放り出すのはリスキーです。

社内でロールプレイング（模擬戦）を実施し、受け答えの練習をしてから本番に臨んでほしいと思います。

実際にロールプレイングを行なった顧問先の社員からは「初めての値上げ交渉だったけれど、ロールプレイングのときとまったく同じ質問をされた。受け答えに窮することがなく、年間700万円の値上げに成功できた！」と喜ばれています。だまされたと思って、一度試してみてください。

ロールプレイング（模擬戦）の進め方

❶社内の人に相手役をやってもらう

相手役になる人は、実際の交渉相手となるべく性別や背格好、雰囲気などが似た人が良いです。

❷本番さながらの緊張感で行なう

応接室への入室、着席、鞄から資料やメモ帳を取り出すところからスタートします。

交渉の当日、お客様先に向かう道中の車内などでロールプレイングを済ます人もいますが、それをやって良いのは本当に慣れている人だけです。

初心者の場合は、必ず練習時間と会議室を確保して行なうようにしてください。

そしてロールプレイング中は真剣に。つい照れ隠しで笑ったり、誤魔化したりしそうになりますが、それは禁止です。実際の交渉の場と同様の緊張感をもって、厳しく行なうことが重要です。

❸実際の資料を使う

当日使用する資料を使いながら、ロールプレイングを進めていきます。

相手に資料を手渡す順番や説明する手順などを、じっくり確認していきます。

❹値上げの説明は、ゆっくりと、指差ししながら

人は緊張すると早口になってしまいます。すると、聞き手はほとんど内容を理解できず、消化不良（＝不満）につながります。

それを防ぐテクニックとして、相手に資料を見せながら、自分が説明している部分を指やペンで指し示していくことをおすすめします。

説明箇所を指し示す動作のたびにワンクッションが入りますので、お互いに思考を整理する〝間〟をつくることができます。

岩盤のように堅く正確な原価計算書、値決めの基本ルール、安売りしないための準備、価格交渉カードといった優秀な武器とともに、正々堂々と、落ち着いて臨んでほしいと思います。

「返り討ち」に遭わないために

値上げ交渉は真剣勝負です。中小企業が値上げ交渉を行なう場合は、立場の弱い側から強い側への依頼となることがほとんどです。したがってお客様から色々な〝ツッコミ〟が入ります。

質問されることを想定し、〝返す刀〟をしっかりと用意しておきましょう。

図表6－2のレターを題材にすると、想定される質問と返す刀の事例は次のようになります。

▼**質問❶**

「仕入れ価格の上昇率が、２００５年から２０２２年にかけて１５０％アップとありますが、これは当社向けの製品すべてに関係あるのですか？　当社向けの材料に限定したら、これほど上昇しないのではないでしょうか？」

▽返す刀

「はい。それにつきましてはこちらの資料をご覧ください。御社向けの材料では、実際のところ１５０％ではなく、１５３％上昇しています。本来なら１５３％アップを前提とした価格改定としたいのですが、差分の３％は特別サービスとさせていただきました」

▼質問❷

「人件費が、２００５年から２０２２年にかけて１３９％アップとありますが、これは日本の最低賃金の上昇率と比較して妥当なのでしょうか？」

▽返す刀

「はい。厚生労働省から出ている我が国の最低賃金のデータがこちらです。これと比較しても妥当といえます」

▼質問❸

「燃料代についてですが、他社からはこれほど上昇したとは聞いていません。もう少し詳細を教えてくれませんか？」

▽返す刀

「はい。こちらが当社の詳しい電力単価とその使用量の実績データになります。ご存じとは思いますが、加工方法や生産設備、地域によって上昇率には差があります」

正式な値上げ文書を書いて出したのは良いけれど、その内容が取ってつけたようなハリボテでは、このような質問に対して明確な回答をすることはできません。

お客様にしてみれば、明確な回答が出てこないと「ボッタくられているのではないか？」「適正価格ではないのではないか？」といった不信感につながります。

そのような状態では、短期的に値上げを認めてもらえることがあっても、中長期で取引を継続し、良好な関係を続けていけるかどうかは疑問です。

大切なのは、公正明大に、正々堂々と臨むことです。

理路整然と説明し、自信をもって「これは適正価格です」と言い切れる状態にしておくことが重要です。

だからこそ、原価と値決めの基礎を固めておくのです。

一見遠回りのようですが、これがいちばんの近道だと思います。

SECTION
6-5

収益改善会議で徹底フォロー

価格転嫁活動に推進力をもたせるため、「収益改善会議」を開催して進捗状況を徹底的にフォローアップしていきます。次の要領で進めていくと、プロジェクトを頓挫させずに継続させていくことができます。

収益改善会議の進め方

❶参加者

収益改善会議は、実務者から経営陣に対する成果報告や進捗報告の場です。したがって、社長、各部門長、実務者とその上司が出席します。

❷開催頻度

開催頻度は月1～2回です。

❸報告の仕方

実務者とその上司から、社長や各部門長に対して報告を行ないます。

今回の場合、各社の値上げ状況について、うまくいったことやうまくいかなかったことを情報共有します。

❹次回までの宿題を決める

次の収益改善会議までに取り組んでおく宿題を決めます。

このときのポイントは精神論的な宿題とするのではなく、実務者が実行可能な宿題とすることです。

また「できるだけ進める」のような抽象的な宿題も避けます。あいまいさを残すと、「逃げ」につながるからです。

「○月○日までにお客様を訪問。値上げの打診をする」など、具体的に決めていきます。

❺2か月先まで日程を決めておく

会社として絶対開催・参加しなければならないイベントとして位置づけ、優先順位を高く設定していくため、2か月先まで収益改善会議の開催日を決めておきます。

2か月前からスケジュールに組み込むことで、「予定が合わないので、参加できない」といった言い訳をさせないようにします。

そのため一度決めたら、なるべく日程変更はしないでください。

値上げは経営を左右する一大イベントです。これぐらいの優先順位をもって進めていくべきだと思います。

〝値決めの技術〟を会社に残す

収益改善会議を継続していくと、次第に自社の儲かる値決めや値上げの成功パターンが見えるようになってきます。そのような〝値決めの技術〟は、次世代のために、しっかりと会社の財産として残していきます。

これからは、半年や1年に1度の「定期値上げ」をしていく時代です。

そのときに過去の値上げ実績がわからず、交渉履歴を調べるのに時間を要するようでは困ります。

さらに今後は人材の流動性が増していくともいわれています。自社の営業担当が入れ代わるだけではなく、お客様の窓口も入れ代わっていくことが想定されます。

お客様との交渉記録や交渉アプローチの仕方、勝因、敗因などをノウハウとして蓄積していくことが大切です。

(1)交渉記録を一元管理する

いつ、誰が、誰と、どのような交渉を行ない、どのような結果になったのか、その内容を記録します。1つの保管場所にまとめて一元管理していきます。

なるべくデジタル管理し検索性を高め、報告書や見積書を紐づけていくのが理想ですが、不得手な場合は紙資料をホチキス留めしたものでもかまいません。

目的は「ノウハウの蓄積と、その閲覧による定期的な値上げの成功」です。

デジタル化やグループウェアを使うことそのものがゴールにならないように気をつけていってほしいと思います。

(2)成功事例、失敗事例を社内共有

基本的には収益改善会議の場で、成功事例や失敗事例を社内共有していけば良いです。会社によっては、半年に1回くらいのペースで別途「事例発表会」を開催しているところもあります。これは営業部門だけではなく、他部門を巻き込んだ価格転嫁活動にしていくためです。

営業部門がしっかりと値決めにエネルギーをかけているというPRになるほか、他部門がお客様や市場、ライバル社の動向がどうなっているのか、世の中の状況を知る良い機会になります。

各部門がこれから何に注力していかねばならないのか、自発的に考えるきっかけにもなります。

(3)収益改善報告書で残す

値上げが成功した場合は、214～215㌻図表6－3のような収益改善報告書にまとめておきましょう。

①結果はビフォー・アフターで示す。

どれだけ収益改善されたのか、ビフォー・アフターで金額化しておきます。

②箇条書きでOK

改善内容、詳細、今後の取り組みを書いておきます。

その際はポイントを箇条書きレベルで残しておくのが、あとで読みやすくするコツです。

作成　20○○年 ○月○日

承認	作成
佐藤	田中

営業Aチーム（田中、佐藤）

14,000,000円／年

活動期間
20○○年○月～ 20○○年○月

2. 改善内容と詳細

✔20○○年○月…Web会議で赤字になっていることをお客様に伝えた。

✔ 20○○年△月…正式文書の提出の際、値上げを認めてもらえないと撤退することを伝えた。

✔ 20○○年□月…満額回答を得た。

【成功のポイント】

✔ 粘り強くお客様にお願いした。
期日内にお客様から回答がない場合は毎日電話で督促した。

✔ お客様の担当者と良い関係を築いた。
日ごろ、その人の上司の愚痴を聞いてあげていた。
あるとき、「社内や上司を説得するために、もっと強気で値上げの依頼をしてください」と言われた。

✔ 今回、強気に出られた背景
IPPの利益一覧表で赤字顧客として目立っていた。
会社方針として撤退前提で交渉することにした。
値上げの準備を進める中で、自社の他に競合がいないことが判明した。

3. 今後の取り組み

✔ VIP顧客としてお付き合いしていく。
これまで営業活動が不足していたことがわかった。
定期訪問とWeb会議を活用し、接触回数を増やす。
別途マーケットサイズを調査し、拡販ロードマップを描く。

図表6-3 ▶「収益改善報告書」の例

収益改善報告書

改善テーマ
○○様向け○○○○の値上げ

収益改善金額

1. 結果

ビフォー

製品名	売価	全社原価	全社利益	全社利益率	年間数量	年間全社利益額
	(円/個)	(円/個)	(円/個)	%	(個/年間)	(円/年間)
A	10,000	15,000	-5,000	-50%	2,000	-10,000,000

アフター

製品名	売価	全社原価	全社利益	全社利益率	年間数量	年間全社利益額
	(円/個)	(円/個)	(円/個)	%	(個/年間)	(円/年間)
A	17,000	15,000	2,000	12%	2,000	4,000,000

収益改善効果（ビフォー・アフターの差）

製品名	値上げ幅	値上げ率	全社利益率の改善	収益改善金額
	(円/個)	%	%	(円/年間)
A	7,000	170%	62%	14,000,000

おわりに

ここまでお読みいただき、ありがとうございました。
本書では筆者が日頃、顧問先企業様で実践していることをご紹介してきました。
繰り返しになりますが、どの企業様においても大切なことは共通です。
次のことをしっかりと準備し、収益改善を成功に導いていってほしいと思います。

正確な原価を計算する
利益一覧表をつくる
値決めに心血を注ぐ
全社一丸で取り組む

また、これらを一時的な取り組みとするのではなく、会社の仕組みへと落とし込み、
定期的な見積り見直し活動へとつなげられるようにしていってください。

もし貴社が現在、お客様と価格交渉をすること自体がむずかしい状況でも、来年は値上げを仕掛けられる環境になっているかもしれません。千載一遇のチャンスを逃さないよう、この本を閉じた瞬間から準備を開始してください。

少し先の話になるかもしれませんが、貴社での値上げ活動が一服しましたら、今度は合理化やコストアップ抑制への取り組みも始めていってほしいと思います。

値上げ環境だからといって、お客様にコストアップの負担をしてもらうばかりというのは、ある種のわがままであるとも思うからです。毎回のように「今年もコストが上がったので、値上げをよろしくお願いします」と単に言い続けるだけでは、お客様との関係は長続きしないのではないでしょうか。

そのためにも全社一丸となって、正確な原価計算の仕組みを整え、ロジックを肚に落とすのです。そうすれば、原価のどの部分をどうすれば、いくらのコストアップ抑制になるのか、手に取るようにわかるようになっていきます。

このような活動にも、ぜひチャレンジをしていってほしいと思います。

どうか勇気をもって、慎重さを忘れず、値決め・値上げを進めていってください。

適正な利益は皆様が汗水流して働き、お客様に喜んでもらった対価です。一生懸命に頑張っている人はどうか報われてほしい。幸せになってほしい。ただただ純粋にそう願っております。

本書との出会いが、その一助となれば本望です。皆様の成功を心からお祈りしております。

最後になりますが、本書の執筆にあたり多大なるご指導、ご協力をいただきました日本実業出版社編集部の竹内健二様に、この場をお借りして心より御礼申し上げます。

西田雄平

◎参考文献

『値決め経営』　西田順生著　日本経営合理化協会

『京セラフィロソフィ』　稲盛和夫著　サンマーク出版

西田雄平（にしだ　ゆうへい）
“製造業のための”収益改善コンサルティング会社 ㈱西田経営技術士事務所 代表取締役。2009年法政大学経営学部を卒業後、ミネベアミツミ㈱に入社し購買管理の実務を経験。弱冠24歳で同社最大の生産拠点であるタイ工場に赴任。現地マネジメントに加え、アジア諸国の経営者とタフな商談や価格交渉を行なう。その後、西田経営技術士事務所に転じ、収益改善コンサルタントとして全国の中小製造業へ「収益改善プログラム（通称IPP）」を導入。原価と値決めにメスを入れ、顧問先企業の利益創出に億単位で貢献。「社内に利益意識が醸成され、経営感覚の鋭い社員が育ってくる」と多くの経営者から好評を得ている。官公庁や大手セミナー会社での講師も務める。

中小《ちゅうしょう》企業《きぎょう》のための
「値《ね》上《あ》げ・値《ね》決《ぎ》め」の上手《じょうず》なやり方《かた》がわかる本《ほん》

2023年８月１日　初版発行

著　者　西田雄平 ©Y. Nishida 2023
発行者　杉本淳一

発行所　株式会社日本実業出版社　東京都新宿区市谷本村町３−29 〒162-0845
編集部　☎03-3268-5651
営業部　☎03-3268-5161　振　替　00170−１−25349
https://www.njg.co.jp/

印　刷／理 想 社　　製 本／共 栄 社

ISBN 978-4-534-06027-3　Printed in JAPAN